G

le texte est in 18

1397

PREMIÈRES NOTIONS

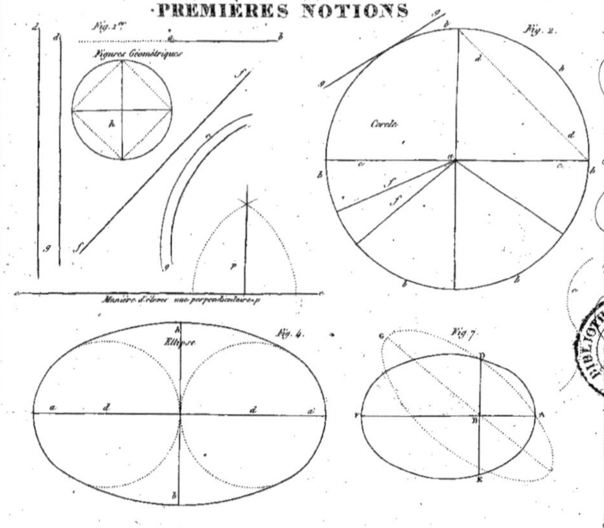

Fig. 1ᵉʳ

Figures Géométriques

Fig. 2

Cercle

Manière d'élever une perpendiculaire p

Fig. 4

Ellipse

Fig. 7

EXPOSITION

XIV TA

CARTES, FIGURES GÉOM

Réunis en Atlas format petit infolio, o

1ᵉʳ DEGRÉ D'

Texte explicatif, petit volume in d

Cartes

Trois

1. *Géographie Astrono*
2. *Géographie Physique*
3. *Géographie Politique*

Par Augu

Professeur, Auteur de l'Étude gra

et autres Ouvrag

PA

Obliquité de la Terre.

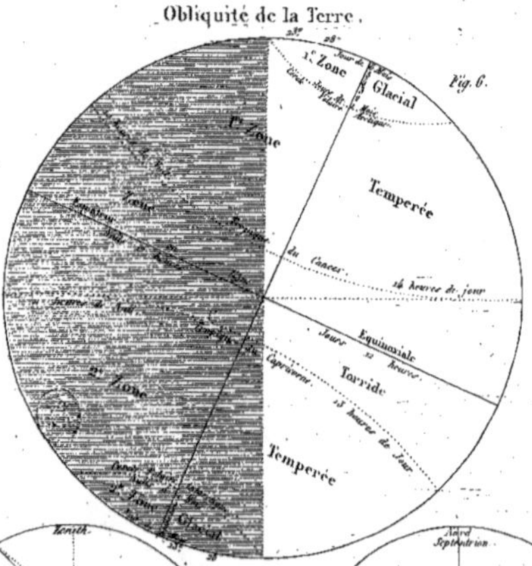

DOCTRINE DE LA SPHÈRE APPLIC

Lignes et Cercles.

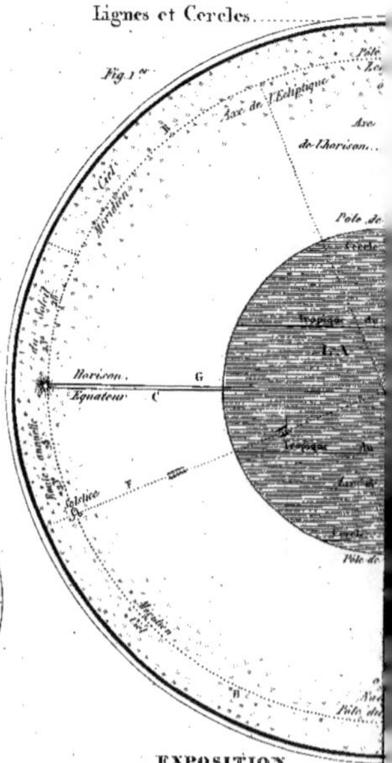

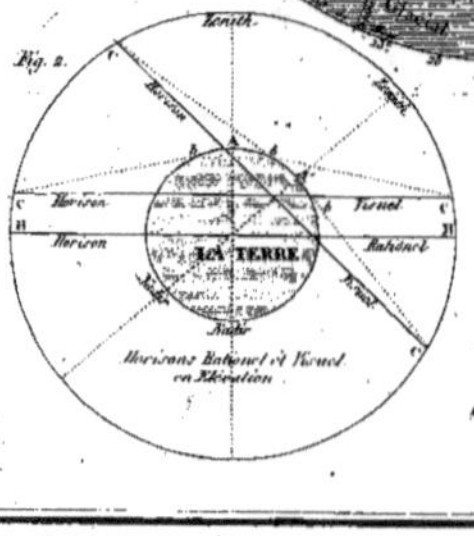

Fig. 6.

1ᵉ Zone Glacial

2ᵉ Zone

Tempérée

du Chaos

14 heures de jour

Jour Équinoxial

Capricorne

Torride

Tempérée

Fig. 1ᵉʳ

Axe de l'Écliptique

Axe de l'horison.

Pôle de

Horison

Équateur

Solstice

Fig. 2

Zénith

Horison

Horison

LA TERRE

Horisons Rationel et Visuel en Élévation

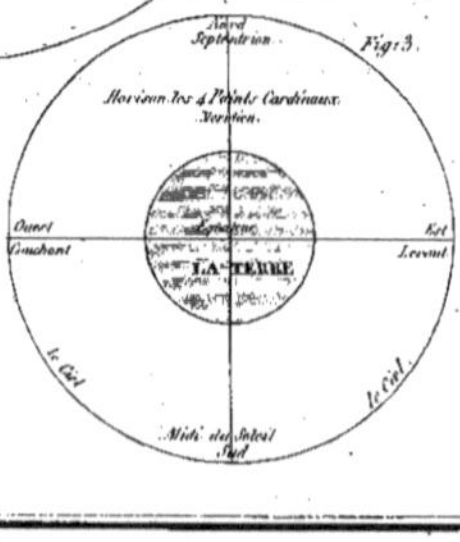

Fig. 3

Nord Septentrion

Horison les 4 Points Cardinaux. Méridien.

Ouest Couchant

Est Levant

LA TERRE

le Ciel

le Ciel

Midi du Soleil Sud

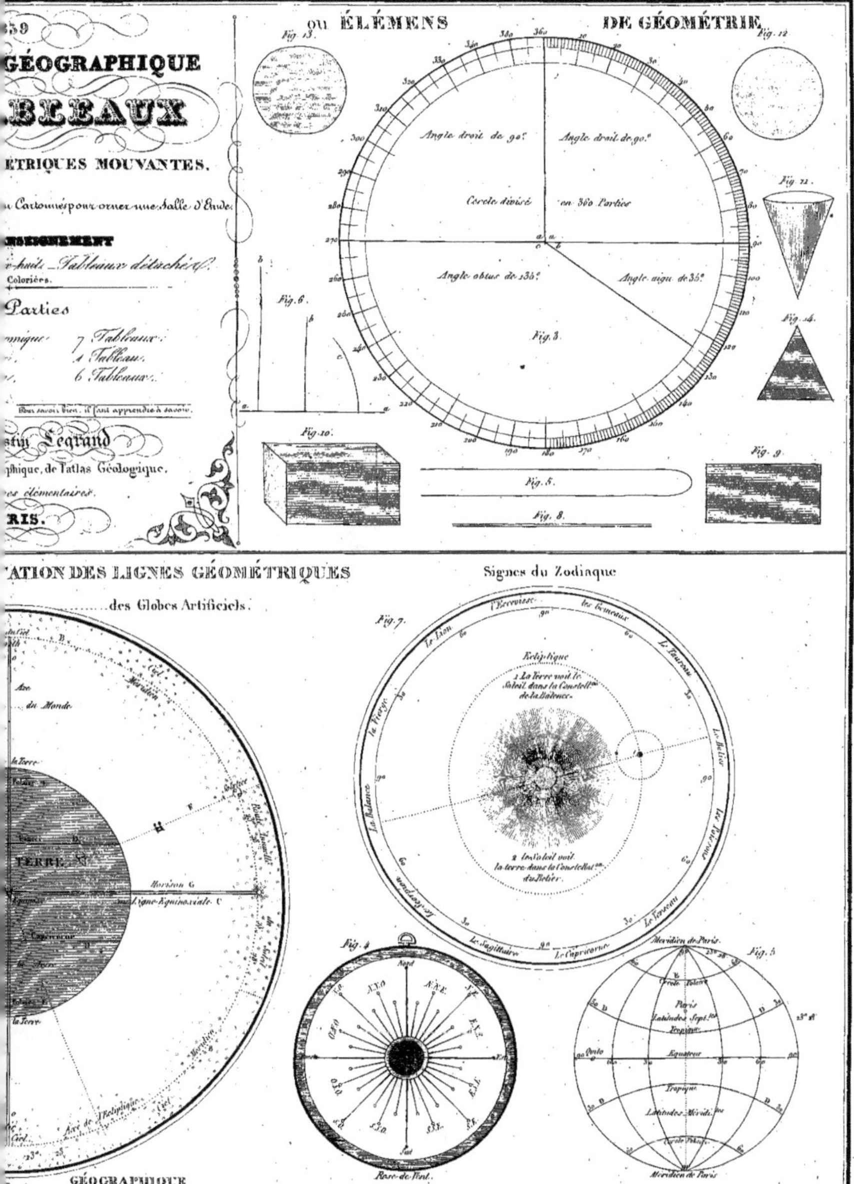
359
GÉOGRAPHIQUE
TABLEAUX
...TRIQUES MOUVANTES.
...u Cartonnés pour orner une Salle d'Étude.
ENSEIGNEMENT
...-huit Tableaux détachés
Coloriées.
Parties
...mique   7 Tableaux.
...   1 Tableau.
...   6 Tableaux.
Pour savoir bien, il faut apprendre à savoir.
...stin Legrand
...phique, de l'atlas Géologique.
...es élémentaires.
...RIS.
ou ÉLÉMENS DE GÉOMÉTRIE
Fig. 13.
Fig. 12.
360
350   10
340   20
330   30
320
310   40
300
290   50
280
270   60
Angle droit de 90.°   Angle droit de 90.°
Cercle divisé   en 360 Parties
Angle obtus de 135.°   Angle aigu de 35.°
Fig. 3.
Fig. 6.
Fig. 10.
Fig. 5.
Fig. 8.
Fig. 22.
Fig. 14.
Fig. 9.
REPRÉSENTATION DES LIGNES GÉOMÉTRIQUES
des Globes Artificiels.
Signes du Zodiaque
Fig. 7.
l'Écrevisse   les Gémeaux
Le Lion   Le Taureau
La Vierge
Écliptique
1 La Terre voit le
Soleil dans la Constell.on
de la Balance.
La Balance   La Belier
2 Le Soleil voit
la terre dans la Constellat.on
du Belier.
Le Scorpion
Le Sagittaire   Le Capricorne   Le Verseau
Cél   Méridien de Paris
Axe   Cercle Polaire
du Monde   Paris
la Terre   Latitudes Sept.le
TERRE   Tropique
Horizon G   Équateur
Ligne Équinoxiale C
Capricorne   Tropique
la Terre   Latitudes Méridl.le
Méridien   Cercle Polaire
Axe de l'Écliptique Cél   Méridien de Paris
23.°
Nord
N.O   N.N.O   N.N.E   N.E
O.N.O   E.N.E
O.S.O   E.S.E
S.O   S.S.O   S.S.E   S.E
Sud
Rose de Vent.
Fig. 4.
Fig. 5.
GÉOGRAPHIQUE

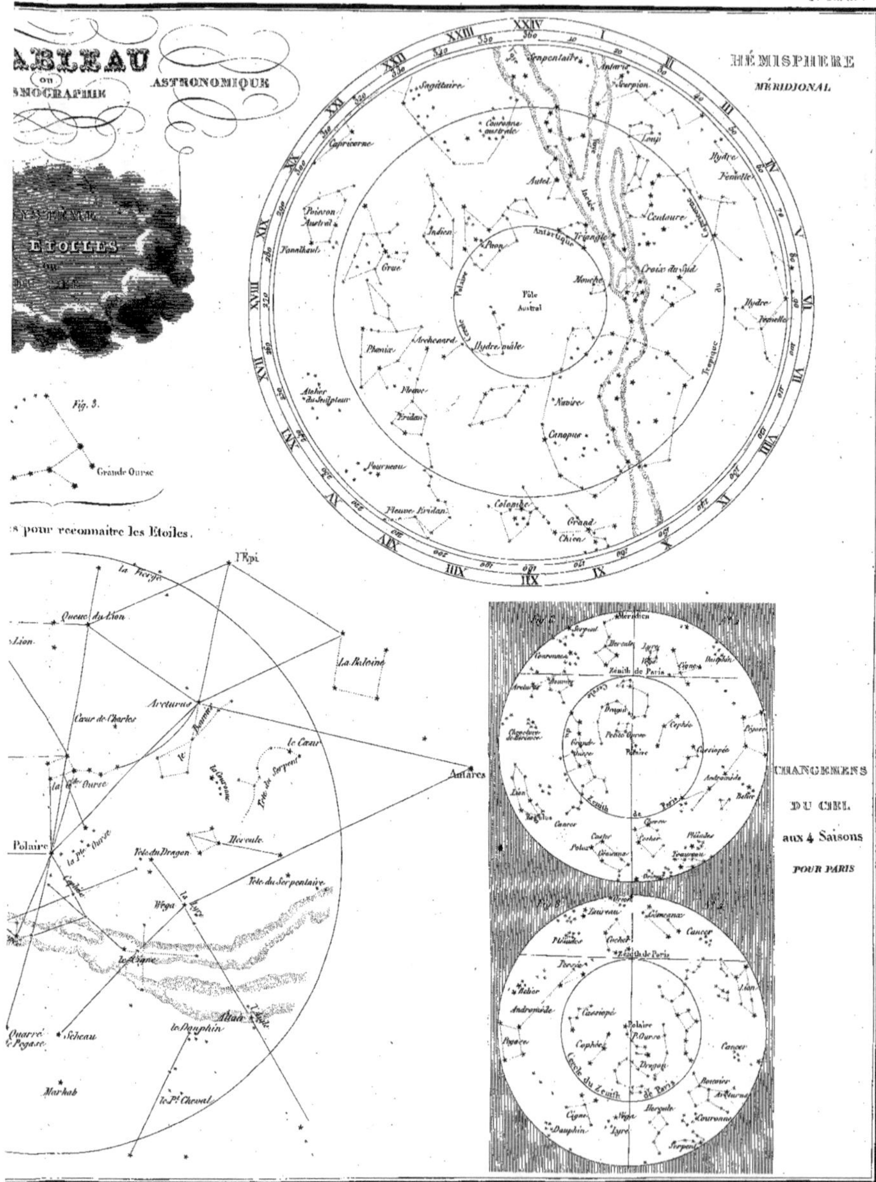
TABLEAU
ou
UNOGRAPHIE ASTRONOMIQUE

ASPECT DU
CIEL DES
ÉTOILES

Fig. 3.

Grande Ourse

s pour reconnaitre les Etoiles.

HÉMISPHERE
MÉRIDIONAL

XXIII XXIV
I
Serpentaire
Sagittaire Antares
Scorpion
Couronne II
australe
Capricorne Loup III
Hydre
Femelle
Autel IV
Poisson Indien Centaure
Austral Peon Antartique Triangle
Fomalhaut Grue Croix du Sud
Pole Mouche Hydre
Austral Femelle
Phenix Archenard Hydre mâle Tropique
Atelier Navire
du Sculpteur Fleuve
Eridan Canopus
Fourneau Grand
Fleuve Eridan Colombe Chien
XII XI IX

l'Epi
la Vierge La Baleine
Queue du Lion
Lion
Arcturus le Cœur
Cœur de Charles
le Œuf Antares
la Gde Ourse Tête du Serpent
Hercule
Polaire la Pte Ourse Tête du Dragon
Tête du Serpentaire
Wega
le Cygne
Atair
le Dauphin
Quarré Scheat
de Pegase
Marhab le Pt Cheval

Meridien
Serpent
Hercule Lyre Dauphin
Couronne Cygne
Arcturus Zenith de Paris
Dragon Céphée
Chevelure Pegase
de Berenice Grande Petite Ourse
Ourse Polaire Cassiopée
Lion Andromède
Zenith de Paris Belier
Regulus Cancer
Cocher Pleiades
Polux Castor Taureau
Gemeaux
Taureau Gemeaux Cancer
Pleiades Cocher
Persée Zenith de Paris
Belier
Andromède Cassiopée Lion
Pegase Polaire
Cephée P. Ourse Cancer
Cercle du Zenith de Paris Dragon Bouvier
Cygne Vega Hercule Arcturus
Dauphin Lyre Couronne
Serpent

CHANGEMENS
DU CIEL
aux 4 Saisons
POUR PARIS

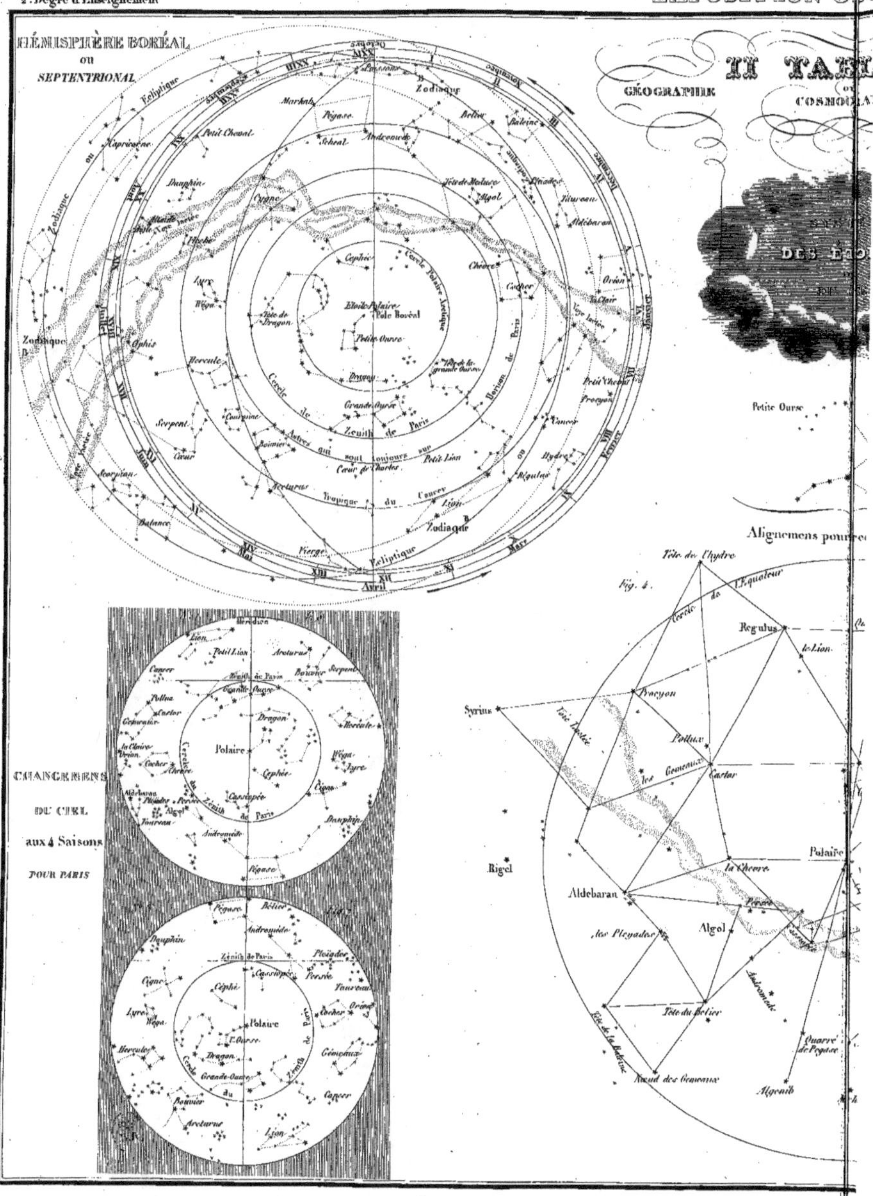
HÉMISPHÈRE BORÉAL
ou
SEPTENTRIONAL
Écliptique
Zodiaque
Capricorne
Petit Cheval
Dauphin
Cygne
Flèche
Lynx
Wega
Tête du Dragon
Étoile Polaire
(Pôle Boréal)
Petite Ourse
Céphée
Cercle Polaire Arctique
Dragon
Grande Ourse
Hercule
Cercle de Zénith de Paris
Astres qui sont toujours sur
Cœur de Charles
Couronne
Serpent
Cœur
Scorpion
Balance
Vierge
Zodiaque
Écliptique
Avril
Markab
Pégase
Scheat
Andromède
Bélier
Baleine
Tête de Méduse
Algol
Taureau
Aldébaran
Cocher
Orion
La Claire
Très brillante
Petit Chien
Procyon
Cancer
Hydre
Régulus
Petit Lion
Lion
Tropique du Cancer
Zodiaque
Méridien de Paris

CHANGEMENS
DU CIEL
aux 4 Saisons
POUR PARIS

Méridien
Lion
Petit Lion
Arcturus
Cancer
Bouvier
Serpent
Zénith de Paris
Grande Ourse
Pollux
Castor
Dragon
Hercule
Gémeaux
La Claire
d'Orion
Polaire
Wéga
Lyre
Cocher
Céphée
Cigne
Aldébaran
Pléiades
Persée
Cassiopée
Zénith de Paris
Taureau
Andromède
Dauphin
Pégase

Pégase
Bélier
Andromède
Dauphin
Pléiades
Persée
Cigne
Céphée
Cassiopée
Taureau
Lyre
Wega
Polaire
Cocher
Orion
P. Ourse
Hercule
Dragon
Gémeaux
Grande Ourse
Cancer
Bouvier
Arcturus
Lion

Alignemens pour re…
Tête de l'Hydre
Fig. 4.
Cercle de l'Équateur
Regulus
le Lion
Procyon
Syrius
Voie lactée
Pollux
Gémeaux
Castor
Rigel
la Chèvre
Polaire
Aldébaran
Persée
les Pléiades
Algol
Andromède
Tête du Bélier
Carré de Pégase
Nœud des Gémeaux
Algenib

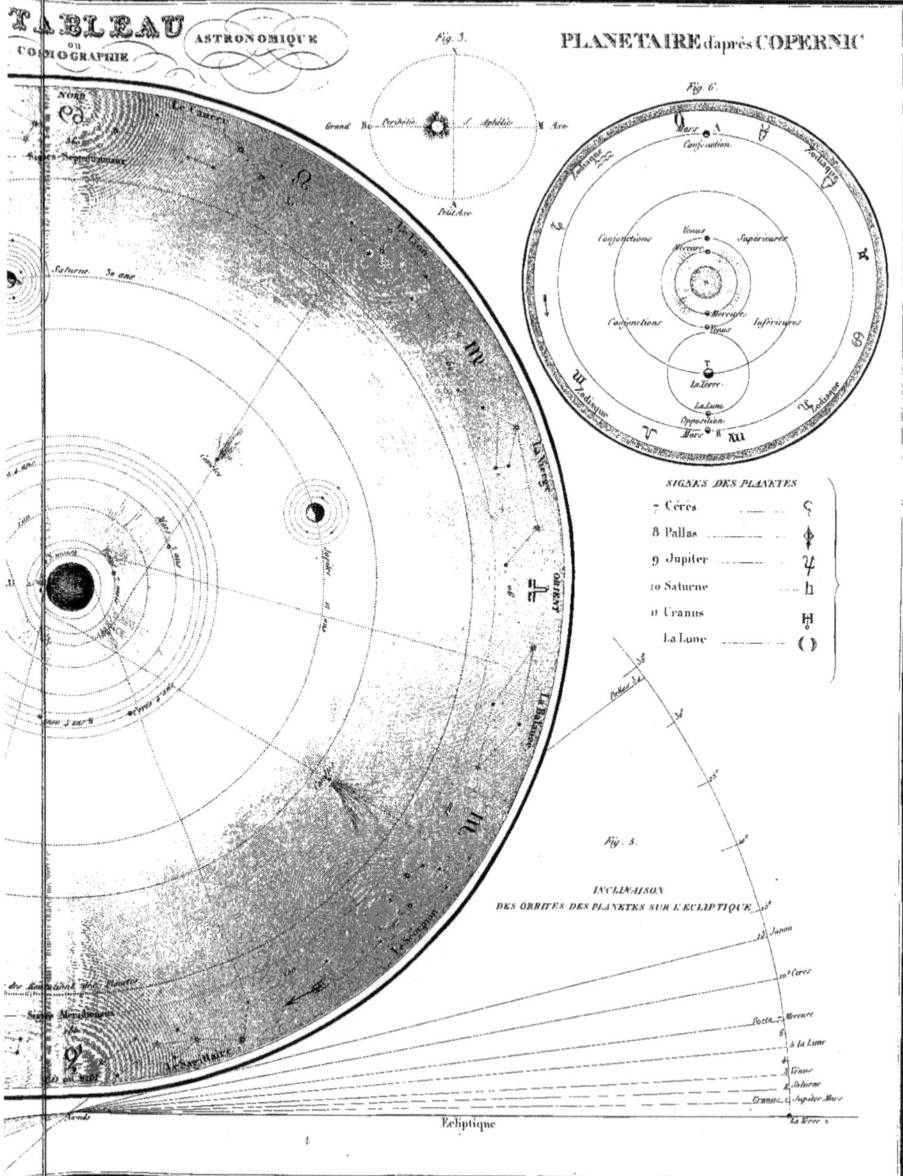
TABLEAU
ASTRONOMIQUE
ou
COSMOGRAPHIE
PLANÉTAIRE d'après COPERNIC
Fig. 3.
Grand Axe
Périhélie
Aphélie
Petit Axe
Fig. 6.
Mars
Conjonction
Zodiaque
Conjonctions
Vénus
Mercure
Supérieures
Conjonctions
Mercure
Vénus
Inférieures
La Terre
La Lune
Opposition
Mars
Zodiaque
NORD
Saturne
ORIENT
L'ÉCLIPTIQUE
MIDI
SIGNES DES PLANÈTES
7 Cérès
8 Pallas
9 Jupiter
10 Saturne
11 Uranus
La Lune
Fig. 5.
INCLINAISON
DES ORBITES DES PLANÈTES SUR L'ÉCLIPTIQUE
Junon
Cérès
Vesta
Mercure
à la Lune
Vénus
Saturne
Uranus
Jupiter Mars
Écliptique
La Terre

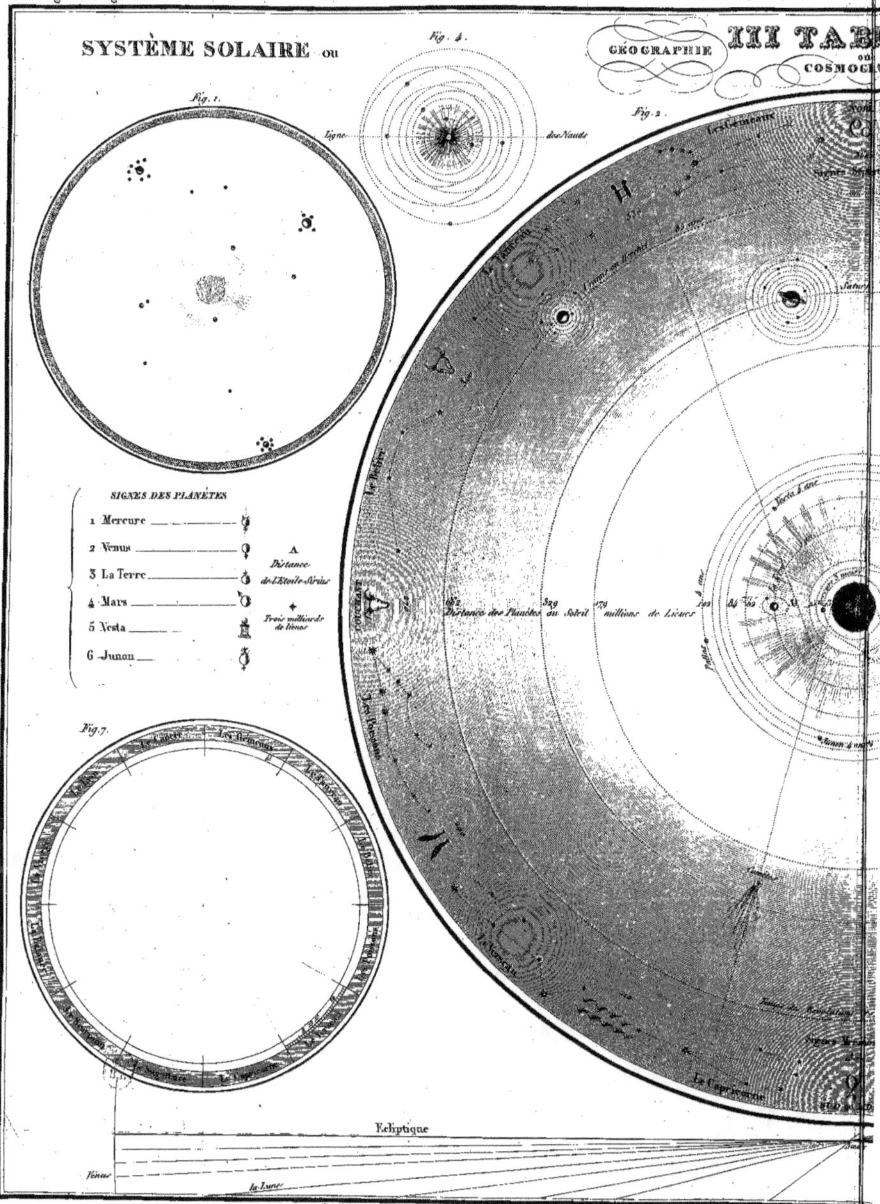
SYSTÈME SOLAIRE ou
GÉOGRAPHIE
COSMOGRAPHIE
EXPOSITION GÉO
III TABL
Fig. 1.
Fig. 4.
Fig. 2.
Ligne
des Noeuds
SIGNES DES PLANÈTES
1 Mercure
2 Vénus
3 La Terre
4 Mars
5 Vesta
6 Junon
A
Distance
de l'Étoile-Sirius
Trois milliards
de lieues
Fig. 7.
Distance des Planètes au Soleil 329 179 millions de Lieues
Écliptique
Vénus
La Lune

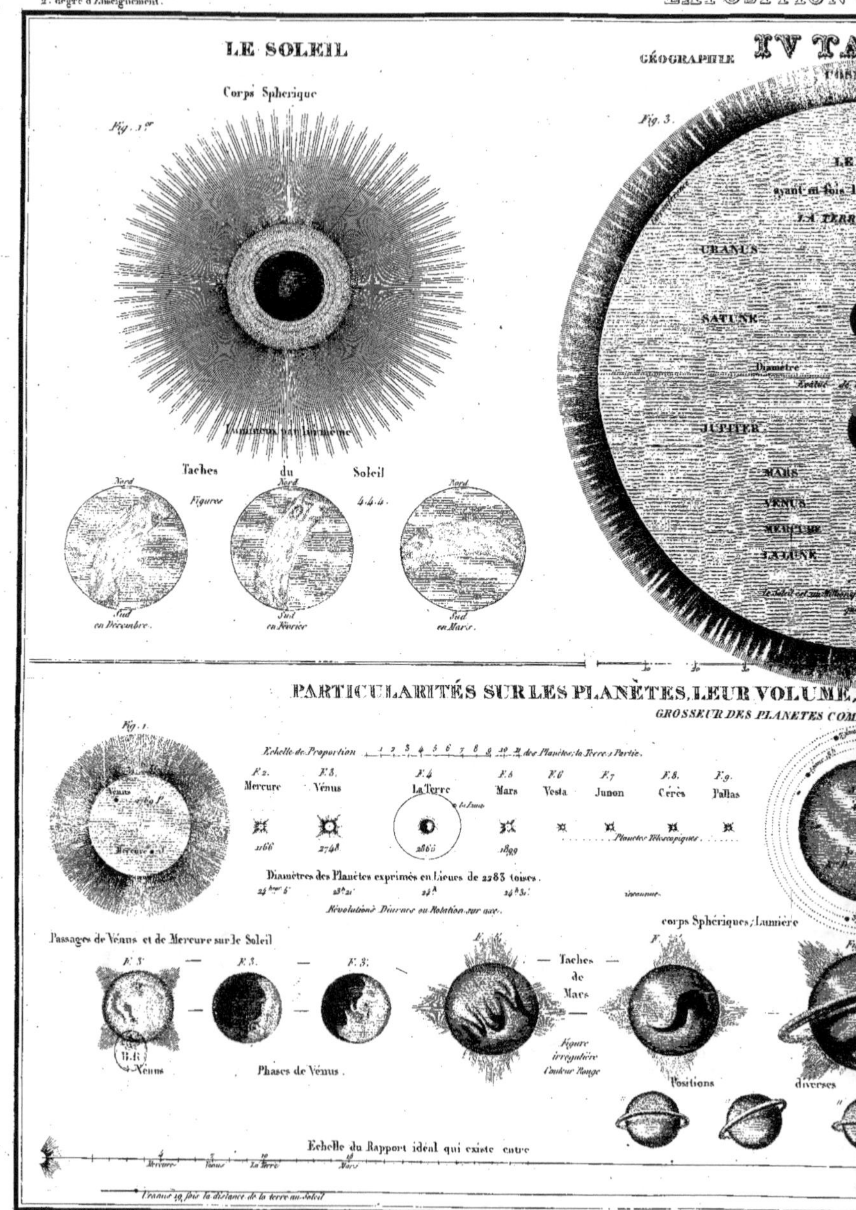

LE SOLEIL
GÉOGRAPHIE   IV TA
Corps Spherique
Fig. 1ᵉʳ
Fig. 3.
LE
ayant ni fois le
LA TERRE
URANUS
SATURNE
Diamètre
JUPITER
MARS
VÉNUS
MERCURE
LA LUNE
Taches du Soleil
Figures
Nord
Nord
Nord
Sud
en Décembre.
Sud
en Février.
Sud
en Mars.
PARTICULARITÉS SUR LES PLANÈTES, LEUR VOLUME,
GROSSEUR DES PLANÈTES COM
Fig. 1.
Échelle de Proportion   1 2 3 4 5 6 7 8 9 10 11 des Planètes; la Terre; Partie.
F. 2.   F. 3.   F. 4.   F. 6.   F. 6   F. 7   F. 8.   F. 9.
Mercure   Vénus   La Terre   Mars   Vesta   Junon   Cérès   Pallas
la Lune
Planètes Télescopiques.
1166   2748   2865   1899
Diamètres des Planètes exprimés en Lieues de 2283 toises.
24ʰᵉᵘʳ 5   23ʰ 21   24ʰ   24ʰ 3ᵐ   inconnue.
Révolutions Diurnes ou Rotation sur axe.
corps Sphériques; Lumière
Passages de Vénus et de Mercure sur le Soleil
Vénus
Phases de Vénus.
Taches de Mars
Figure irrégulière
Couleur Rouge
Positions
diverses
Échelle du Rapport idéal qui existe entre
Mercure   Vénus   La Terre   Mars
Uranus 19 fois la distance de la terre au soleil.

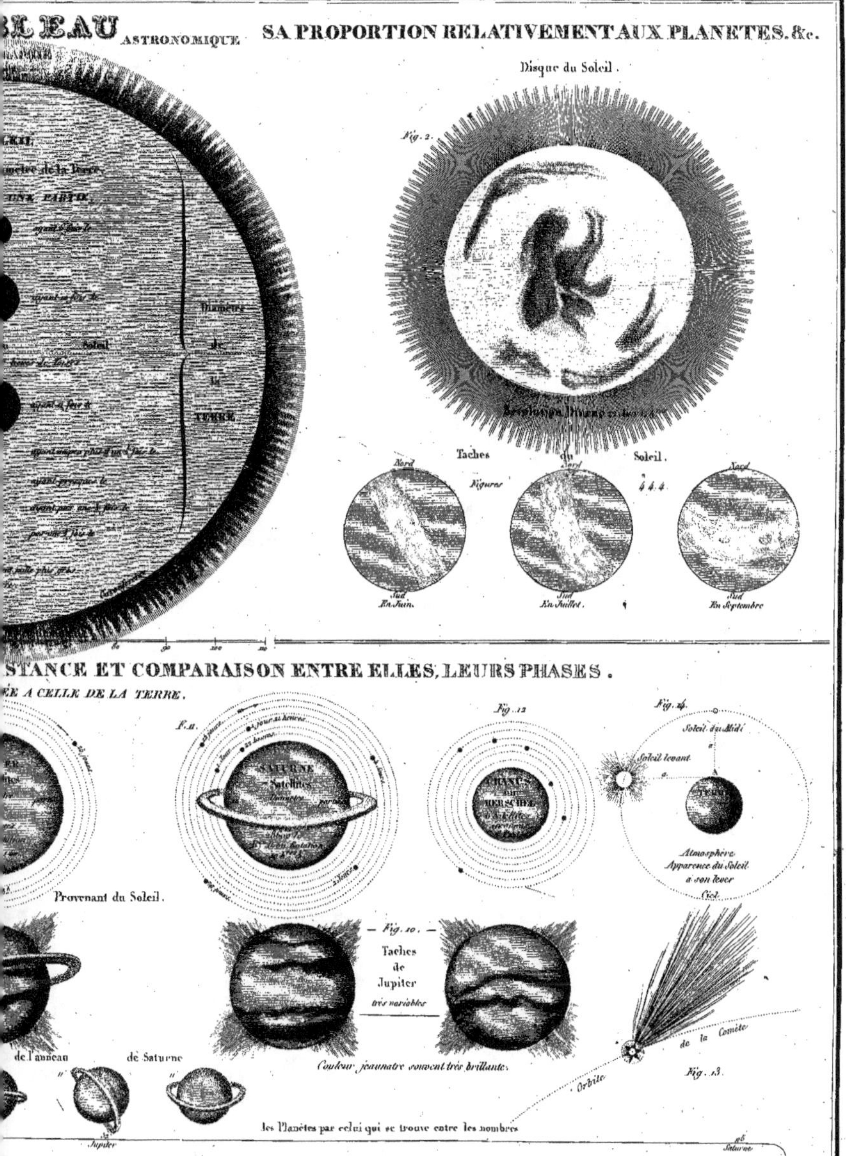
BLEAU ASTRONOMIQUE
SA PROPORTION RELATIVEMENT AUX PLANETES. &c.
Disque du Soleil.
Fig. 2.
Révolution Diurne
Taches du Soleil.
Nord
Figure
444
Sud
En Juin.
Nord
Sud
En Juillet.
Nord
Sud
En Septembre.
STANCE ET COMPARAISON ENTRE ELLES, LEURS PHASES.
ÉE A CELLE DE LA TERRE.
Fig. 11
Fig. 12
Fig. 14
Soleil du Midi
Soleil levant
TERRE
SATURNE
Satellites
URANUS
ou
HERSCHEL
Atmosphère
Apparence du Soleil
à son lever
Ciel.
Provenant du Soleil.
Fig. 10.
Taches
de
Jupiter
très variables
Couleur jaunâtre souvent très brillante.
de l'anneau
de Saturne
de la Comète
Orbite
Fig. 13.
les Planètes par celui qui se trouve entre les nombres
Jupiter
Saturne

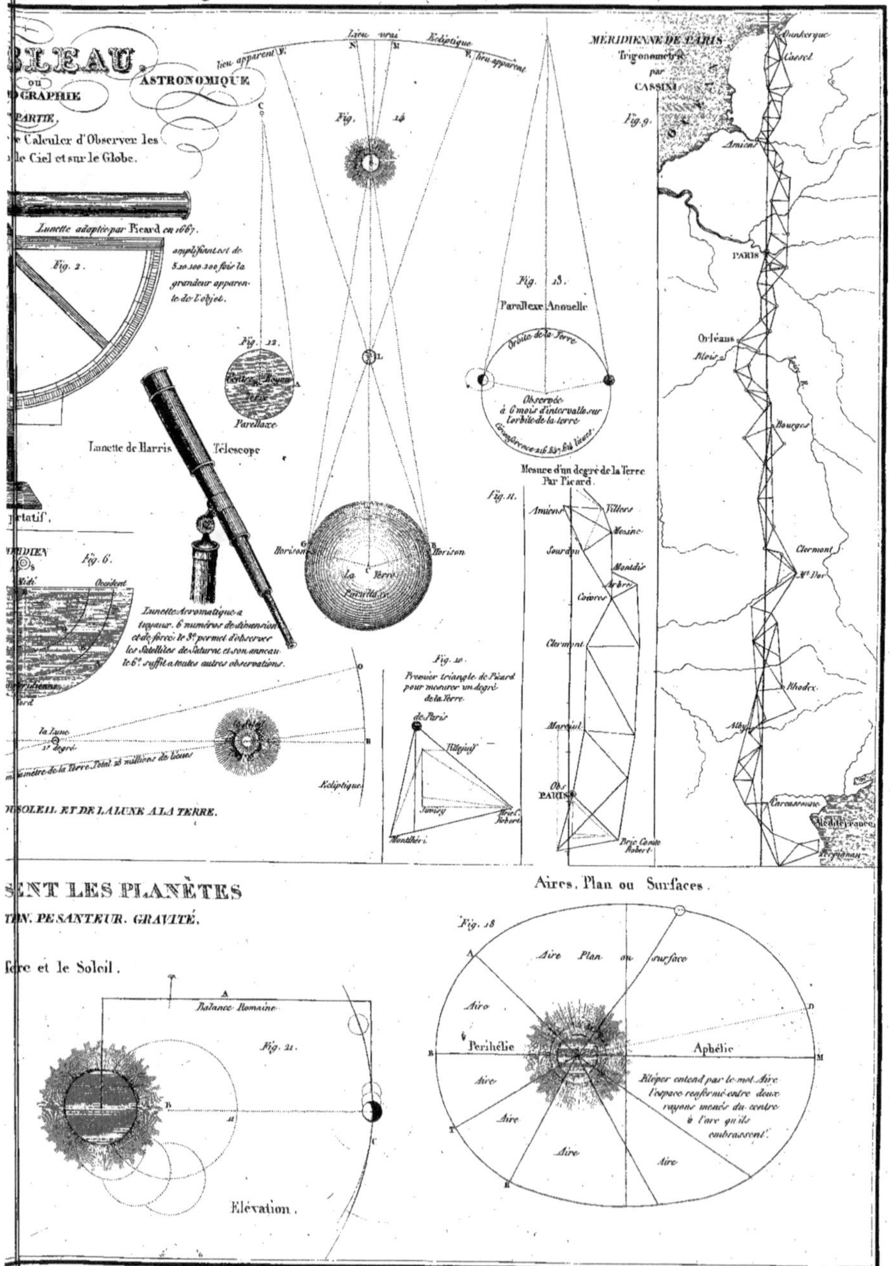
TABLEAU.
ou
GRAPHIE   ASTRONOMIQUE
PARTIE.
Calculer d'Observer les
le Ciel et sur le Globe.
Lunette adoptée par Picard en 1667.
Fig. 2.
amplifiant est de
5.10.100.200 fois la
grandeur apparen-
te de l'objet.
Fig. 12.
Cercle de Bonne
A
Parallaxe
Lunette de Harris   Télescope
rtatif.
MÉRIDIEN   Fig. 6.
Midi   Occident
Lunette Acromatique a
toujours. 6 numéros de dimension
et de force: le 8.e permet d'observer
les satellites de Saturne et son anneau
le 6.e suffit à toutes autres observations.
la Lune
1.er degré
diamètre de la Terre peut 28 millions de lieues
SOLEIL ET DE LA LUNE A LA TERRE.
lieu apparent V.   lieu vrai   Écliptique
N   M   V. lieu apparent
C
Fig.   14
L
G   Horison
Horison   B
La
Terre
Fatalité
Fig. 10.
Premier triangle de Picard
pour mesurer un degré
de la Terre.
de Paris
Villejuif
O
B
Juvisy   Bric C.
Robert.
Montlhéri.
Écliptique.
Fig. 13.
Parallaxe Annuelle
Orbite de la Terre
Observée
à 6 mois d'intervalle sur
l'orbite de la terre
Circonference 216.83.784 lieues
Mesure d'un degré de la Terre
Par Picard
Fig. 11.
Amiens   Villers
Mesme
Jourdun
Montdir
Arbere
Coivres
Clermont
Marsul
Obs.
PARIS
Bric Comte
Robert.
MÉRIDIENNE DE PARIS
Trigonometrie
par
CASSINI
Fig. 9.
Dunkerque
Cassel
Amiens
PARIS
Orléans
Blois
Bourges
Clermont
M.t Dor
Rhodex
Alby
Carcassonne
Méditerranée
Perpignan
SENT LES PLANÈTES
TIN. PESANTEUR. GRAVITÉ.
fère et le Soleil.
A
Balance Romaine
Fig. 21.
B
C
Élévation.
Aires. Plan ou Surfaces.
Fig. 18.
A
Aire   Plan   ou   surface
D
Aire
B   Perihélie   Aphélie   M
Aire
Aire
Aire
Aire
Kepler entend par le mot Aire
l'espace renfermé entre deux
rayons menés du centre
à l'arc qu'ils
embrassent.

GÉOGRAPHIE
V. TABL[EAU]
COSMOGRA[PHIE]
1.ʳᵉ PARTIE
Manière de Mesurer de Gra[ndes]
Distances dans le ciel

Fig. 4.
80 60
70 50
60 40
60
40 30
80 60
30 20
40
60
80
180
20
30 20 30 40
40

Le Ciel
Quatrième Partie du Cercle
Arc de 80.°
Arc de 70.°
Arc de 60.°
Arc de 50.°
Demi diamètre
Rayon
Angle de 80.°
Arc de 40.°
Angle de 30.°
Angle de 27.°
Rayon
Angle de 20.°
Angle de 10.°
LA TERRE
Centre
Horizon
Le Ciel

Fig. 3
A
B
C D
Angle
A B

Graphomètre
Fig. 26
Lunette
Fig. 6
Fig. 7
Lunettes
Fig. 7
Pinnules

Étoile Polaire
Pôle
Étoile Polaire
Zénith
Méridien
Étoile Polaire
Distance du
Angle de Deg.°
60 degrés
Angle
Angle de 30.°
Angle de 25 degrés
Angle de 20.°
droit
Équateur
Angle
Usage du quart de Cercle.

Hauteur 235 Mètres
Perpendiculaire
Fig. 8
Angle de 35 degrés
Angle de 25.°
Angle Obtus
Angle Aigu
200 Toises
D 200 400 600 800 B

Télescope
Lunette de Dollon.
Le but d'une Lunette est de
d'agrandir, de multiplier l'angle
sous lequel les corps célestes se
présentent à l'œil. Ce pouvoir-

Quart de Cercle portatif.
MÉRIDIEN
Orient
Occident
Nord

La lunette de 3 p.ᵈˢ ½ avec l'oculaire
astronomique augmente les objets de
80 fois 130 et 180 fois. Celle de 6 pieds
produit 110. 190. 290 fois la grandeur des
objets.

TRIGONOMÉTRIE. Art de mesurer
un objet sur la Terre par le
moyen des triangles

Fig. 15
85 mille lieues
34 906 fois 3432 demi diamètre
Rayon diamètre
Centre
de la Terre
DISTANCE DU SOLEIL

Combat de deux forces rivales
Tangente
Fig. 19
Angle aigu
Rayon vecteur
Périhélie
Attraction
Aphélie
Rayon vecteur
T
Angle Obtus
Tangente
Force de Projection
ou Centrifuge

LOIS QUI RÉGISSENT
PROJECTION. ATTRACTION. PE[SANTEUR]
Équilibre entre la Terre et
Fig. 20
A B D T C
Orbite
Plan

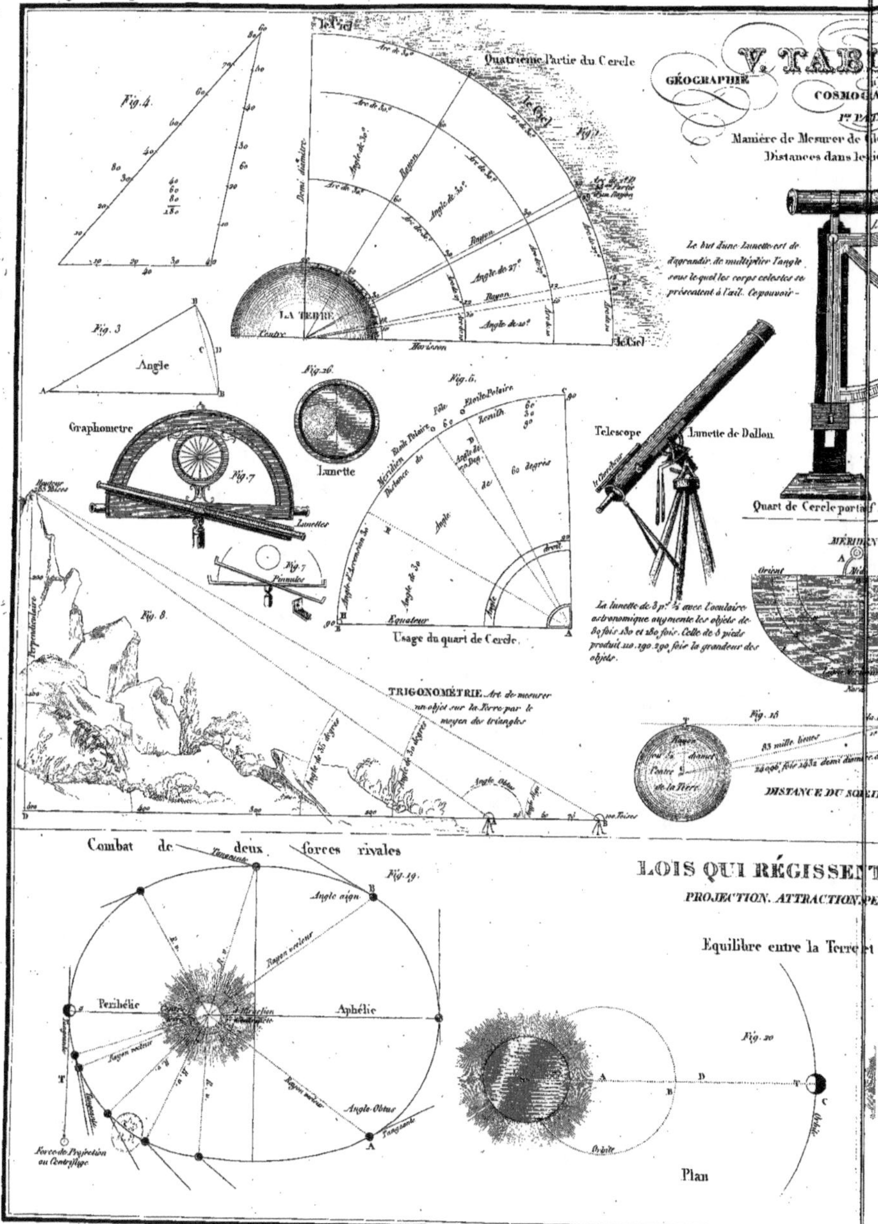

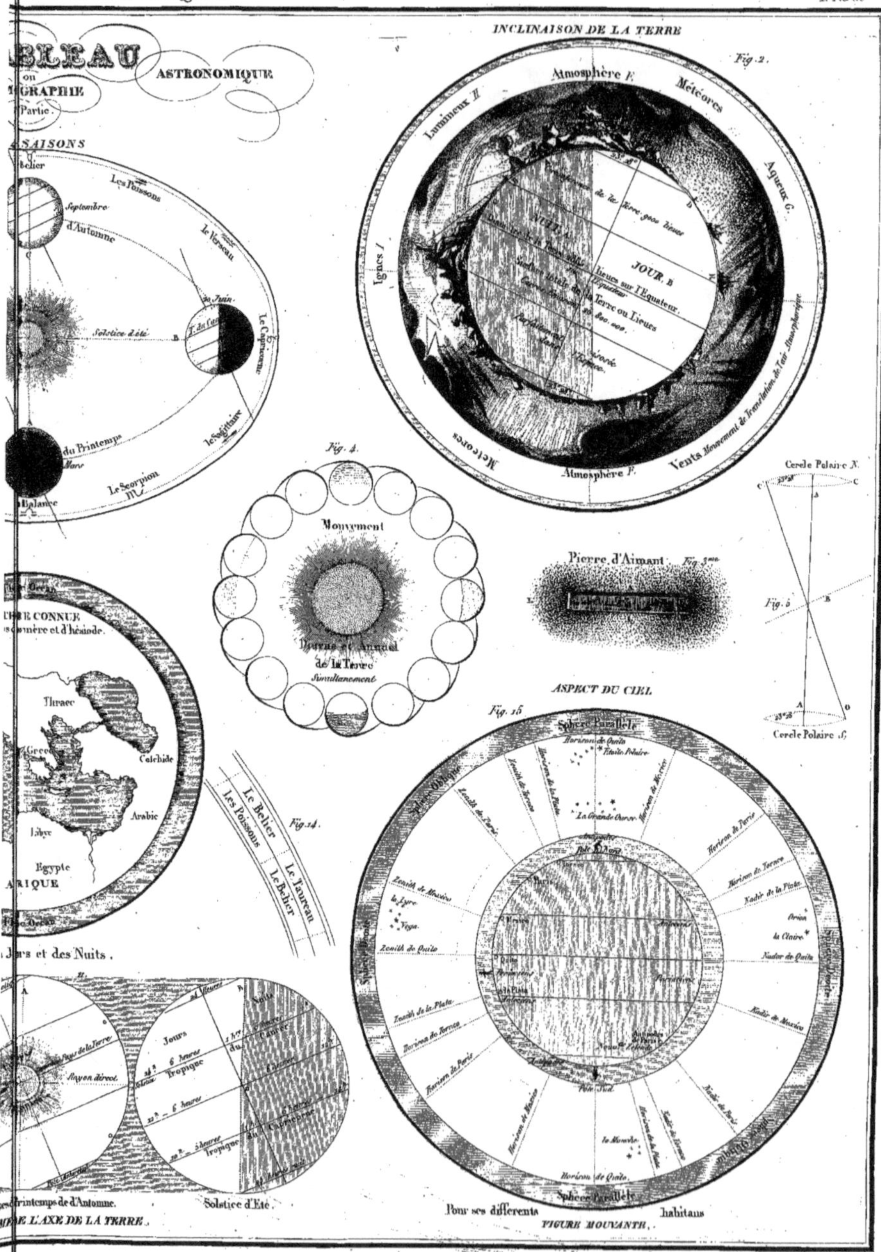
TABLEAU
ou
GRAPHIE
Partie.
ASTRONOMIQUE
SAISONS
INCLINAISON DE LA TERRE
Fig. 2.
Atmosphère F.
Lumineux H
Météores
Aqueus G.
Ignes I
JOUR. B
Météores
Atmosphère F.
Vents
Les Poissons
Septembre
d'Automne
Le Verseau
Solstice d'été
Le Capricorne
du Printemps
Mars
Le Sagittaire
Balance
Le Scorpion
Fig. 4.
Mouvement
Diurne et Annuel
de la Terre
Simultanement
Pierre d'Aimant
Fig. 3.ᵐᵉ
Cercle Polaire N.
Fig. 5.
Cercle Polaire S.
ASPECT DU CIEL
TRE CONNUE
Thrace
Colchide
Arabie
Grèce
Libye
Egypte
ARIQUE
Le Belier
Les Poissons
Le Taureau
Le Belier
Fig. 14.
Fig. 15
Sphere Parallele
Etoile Polaire
La Grande Ourse
Sphere Oblique
Zenith de Moscou
la Lyre
Vega
Zenith de Quito
Zenith de la Plate
Horizon de Torrea
Horizon de Paris
Horizon de Quito
Pole Nord
Pole Sud
Jours et des Nuits
Jours
6 heures
Tropique
6 heures
3 heures
Tropique
Rayon direct.
Printemps d'Automne
Solstice d'Eté.
ME L'AXE DE LA TERRE.
Pour ses differens
habitans
Sphere Parallele
FIGURE MOUVANTE.

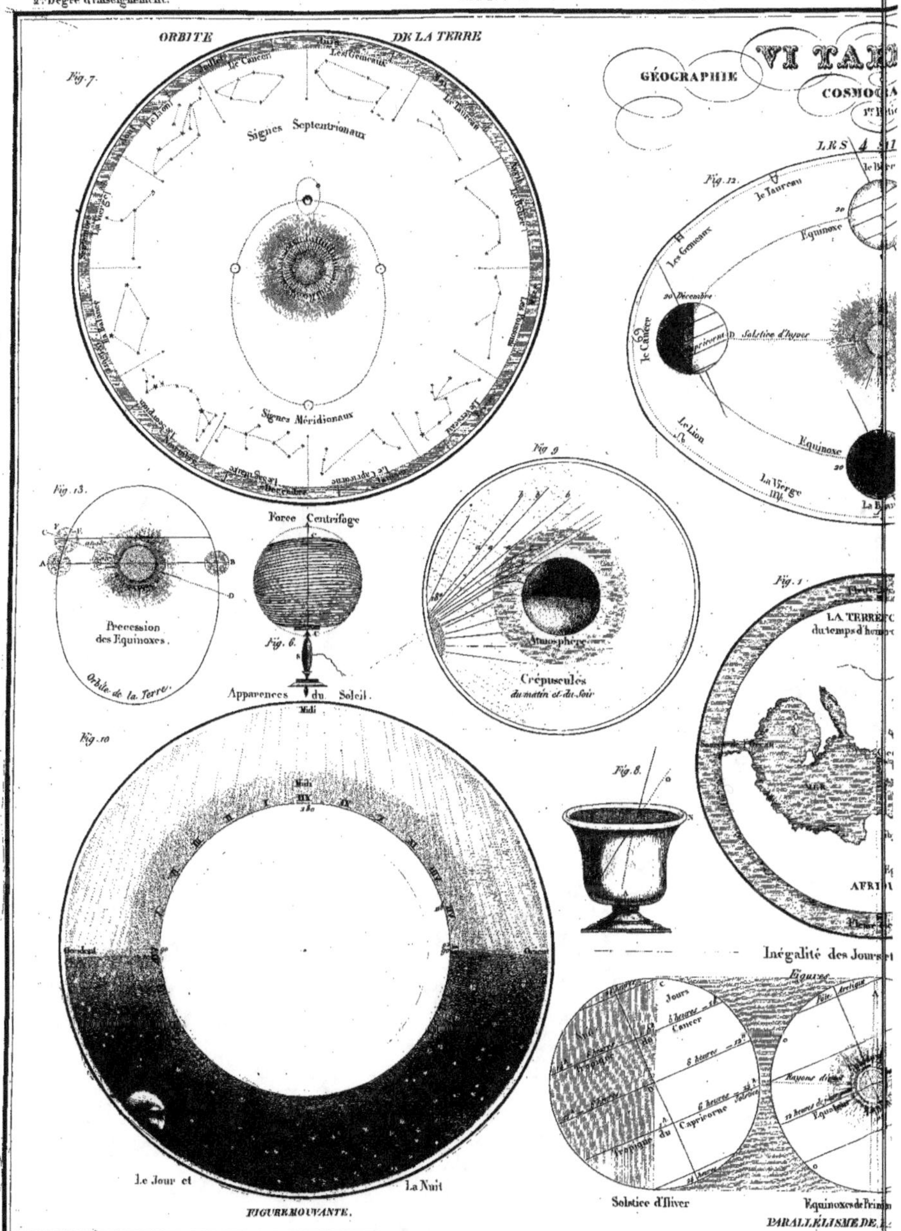
EXPOSITION GÉ
GÉOGRAPHIE
COSMOG
VI TAB
ORBITE DE LA TERRE
Fig. 7.
Signes Septentrionaux
le Cancer
Les Gémeaux
le Lion
le Taureau
Signes Méridionaux
le Capricorne
Décembre
Fig. 12.
le Taureau
Les Gémeaux
Équinoxe
20 Décembre
Capricorne
Solstice d'hyver
le Cancer
le Lion
La Vierge
Équinoxe
Fig. 13.
Précession
des Équinoxes.
Orbite de la Terre.
Force Centrifuge
Fig. 6.
Apparences du Soleil.
Fig. 9.
Atmosphère
Crépuscules
du matin et du soir
Fig. 1.
LA TERRE
du temps d'hém
AFRI
Midi
Fig. 10.
Fig. 8.
Inégalité des Jours
Bordeaux
Le Jour et
La Nuit
FIGURE MOUVANTE.
Jour
Cancer
6 heures
6 heures
du Capricorne
Solstice d'Hiver
Équinoxe de Prim
PARALLÉLISME DE

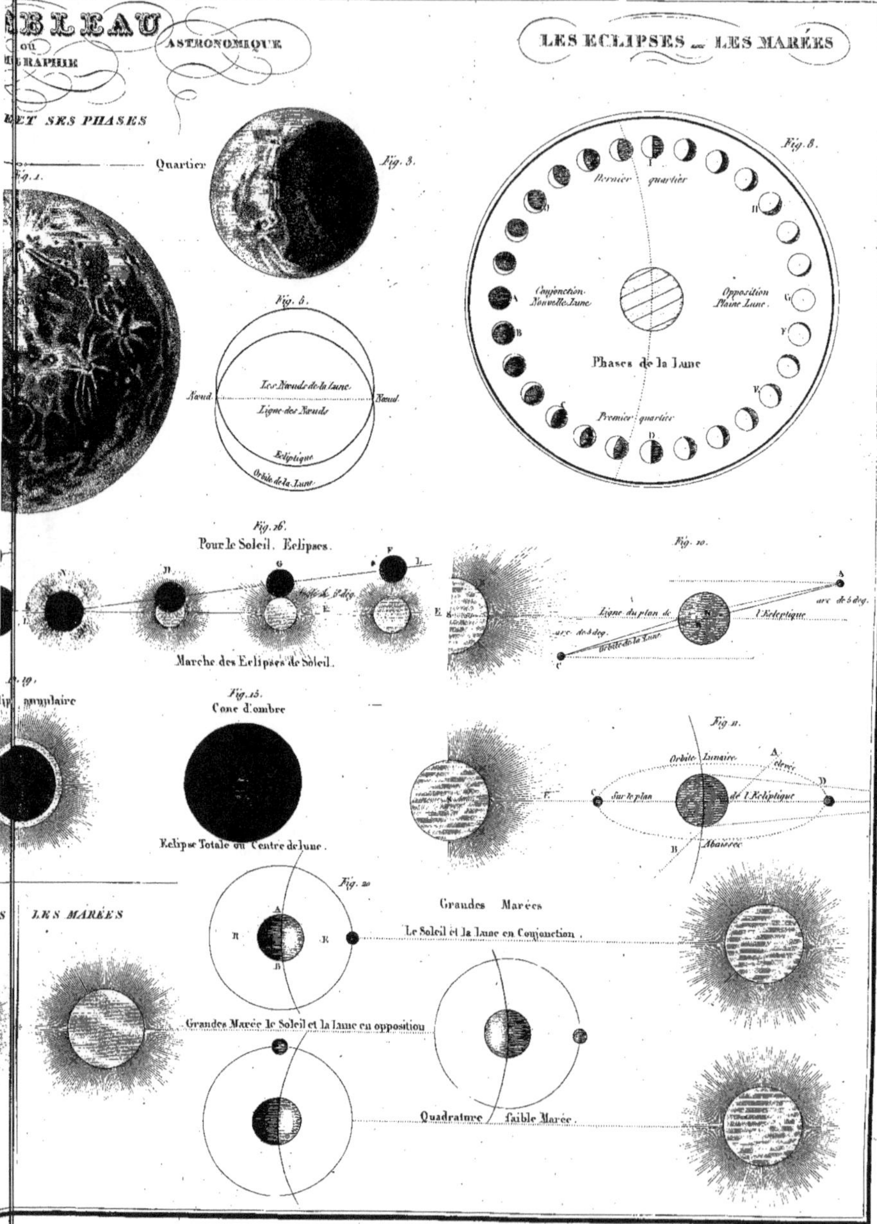
TABLEAU
ou
GRAPHIE
ASTRONOMIQUE
LES ECLIPSES — LES MARÉES
ET SES PHASES
Quartier
Fig. 3.
Fig. 1.
Fig. 8.
Dernier quartier
Conjonction
Nouvelle Lune
Opposition
Pleine Lune
Phases de la Lune
Premier quartier
Fig. 5.
Les Nœuds de la Lune.
Nœud.
Nœud.
Ligne des Nœuds
Ecliptique
Orbite de la Lune.
Fig. 16.
Pour le Soleil. Eclipses.
Fig. 10.
arc de 5 deg.
Ligne du plan de
l'Ecliptique
arc de 5 deg.
Orbite de la Lune.
Marche des Eclipses de Soleil.
Fig. 19.
clip. annulaire
Fig. 13.
Cone d'ombre
Fig. 11.
Orbite Lunaire.
Sur le plan
de l'Ecliptique
Abaissée
Eclipse Totale ou Centre de Lune.
LES MARÉES
Fig. 20.
Grandes Marées
Le Soleil et la Lune en Conjonction.
Grandes Marée le Soleil et la Lune en opposition
Quadrature   faible Marée.

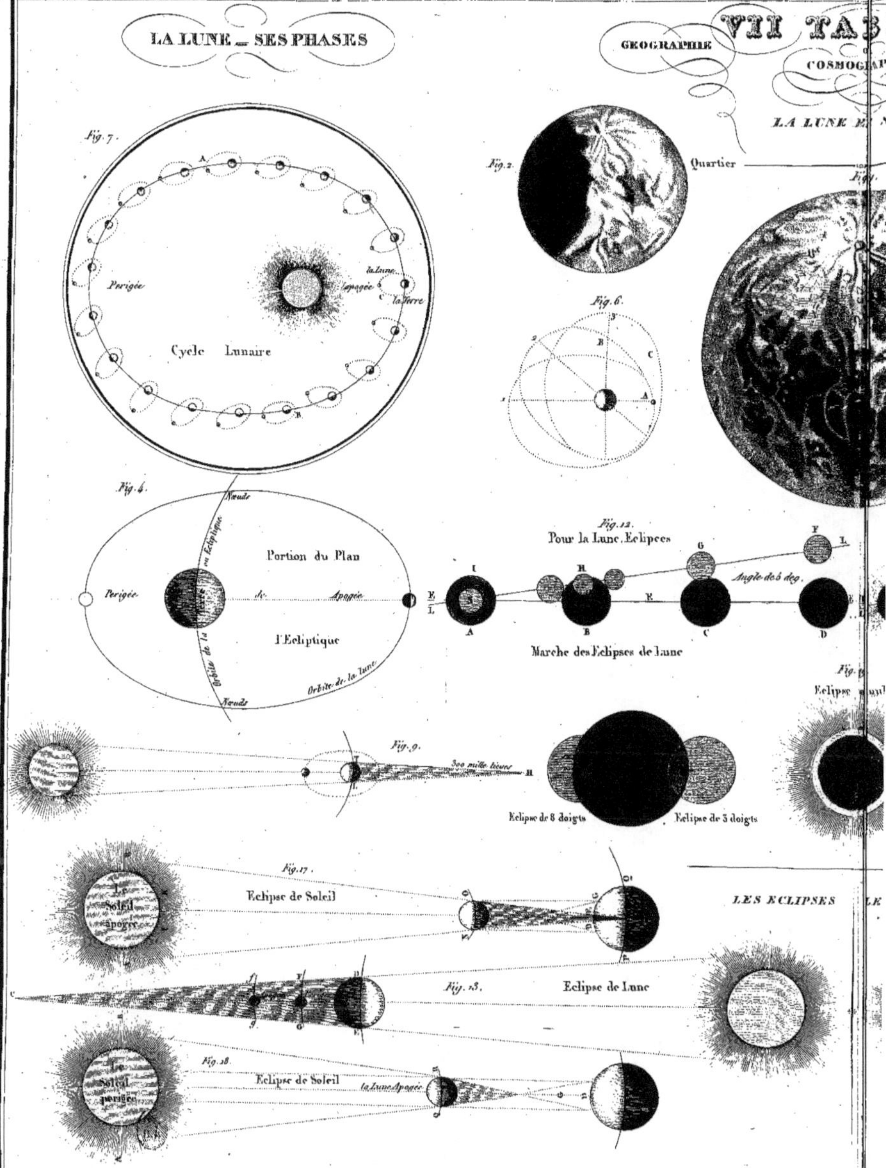
LA LUNE — SES PHASES
EXPOSITION GÉ
GÉOGRAPHIE
COSMOGRAPHIE
VII TAB
LA LUNE E S
Fig. 7.
Périgée
la Lune
Apogée
la Terre
Cycle Lunaire
Fig. 2.
Quartier
Fig. 6.
Fig. 4.
Nœud
ou Écliptique
Portion du Plan
Périgée
de
Apogée
l'Écliptique
Orbite de la Lune
Nœud
Orbite de la Lune
Fig. 12.
Pour la Lune, Éclipses
Angle de 5 deg.
E
L
A
B
C
D
Marche des Éclipses de Lune
Fig. 9.
300 mille lieues
H
Éclipse de 8 doigts
Éclipse de 3 doigts
Éclipse
Fig. 17.
Le
Soleil
apogée
Éclipse de Soleil
LES ÉCLIPSES
Fig. 23.
Éclipse de Lune
Fig. 18.
Le
Soleil
périgée
Éclipse de Soleil
la Lune Apogée

TABLEAU
PHYSIQUE
DU GLOBE
Méridien de l'observatoire de Paris
SEPTENTRIONAL
Spitzberg
Glaciale
Polaire
NOUVEAU MONDE CONTINENT
Béhring
Zone Tempérée
D'OCÉAN BORÉAL
OCÉANIE
Zone Torride
Équinoxial
Équateur
AMÉRIQUE SEPT.
AMÉRIQUE MÉRIDIONALE
Groënland
Islande
Baie de Baffin
Pêche de la Baleine
Baie d'Hudson
Méditerranée Américaine
Cap Forewel
OCÉAN
Pêche de la Morue
ATLANTIQUE BORÉAL
Gulf Stream
Grand Courant
Bermudes
Golfe du Mexique
Antilles
Isthme et Golfe de Panama
EUROPE
AFRIQUE
Équinoxial
C. de Bonne Espérance
Tristan d'Acunha
Ste Hélène
Zélande
Zone Tempérée
Méridional
Méridional
Méridionales
Iles Falkland
Terre de Feu
Cap Horn
Zone Glaciale
Antarctique
Polaire
Antarctique
MÉRIDIONALE
Fossiles
Métaux
Dépôts de Minerai
Coupe des montagnes Granitiques Calcaires et de Grès
Plan géométral
Drossé et Gravé par A. Legrand

EXPOSITION
OCÉAN ATLANTIQUE
OCÉAN INDIEN

GEOGRAPHIQUE
3me Partie
OCEAN ARCTIQUE
ASIE RUSSIE SIBÉRIE
RUSSIE
ASIE
TARTARIE
COSAQUES
DU DON
COSAQUES DE LA MER NOIRE
CRIMÉE
MER NOIRE
ASIE MINEURE
CONSTANTINOPLE
Spécialité de ce Tableau
Echelles
Myriamètres
NORWÈGE
DANEMARK
SKAGER RAK
JUTLAND
DUCHÉ DE SLESWIG
ILE DE FUNEN
ILE DE SEELAND
Laaland
Duché de HOLSTEIN
MER BALTIQUE
PRUSSE
SUÈDE
N.º 1
EUROPE
Cartes Supplémentaires
N.º 2
CONTRÉE DITE DES PAYS-BAS
ROYAUMES DE HOLLANDE ET DE BELGIQUE
MER DU NORD
Groningue
HOLLANDE
AMSTERDAM Cap.
La Haye
Rotterdam
ROY. DE HANOVRE
Flandre Occid.le
Flandre Orient.le
BRUXELLES
BELGIQUE
Hainaut
Anvers
Malines
Limbourg
Grand Duché
du Bas Rhin Pruss.
FRANCE
G. Duché de LUXEMBOURG

IX TABLEAU
GÉOGRAPHIQUE
POLITIQUE ET HISTORIQUE
3me. Partie.

EUROPE
Section 1re. — Texte Explicatif

OCÉAN GLACIAL
OCÉAN ATLANTIQUE
NORVÈGE
SUÈDE
Iles Lofoden
Nordland
MER DU NORD
MER BALTIQUE
ILES BRITANNIQUES
IRLANDE
ÉCOSSE
Iles Feroër
OCÉAN ATLANTIQUE
PRUSSE
POLOGNE
ALLEMAGNE PROPRE
FRANCE
EMPIRE D'AUTRICHE
HONGRIE
CROATIE
TRANSYLVANIE
GALLICIE
ESPAGNE
PORTUGAL
ITALIE
MER MÉDITERRANÉE
CÔTES DE L'AFRIQUE

Nota
Voir les Cartes supplémentaires tableaux 6 et 10. Danemarck. Pays Bas. Allemagne ou Confédération
Germanique. Italie. Iles Britanniques. Grece. Système des Alpes.
Méridien 0 de Paris.

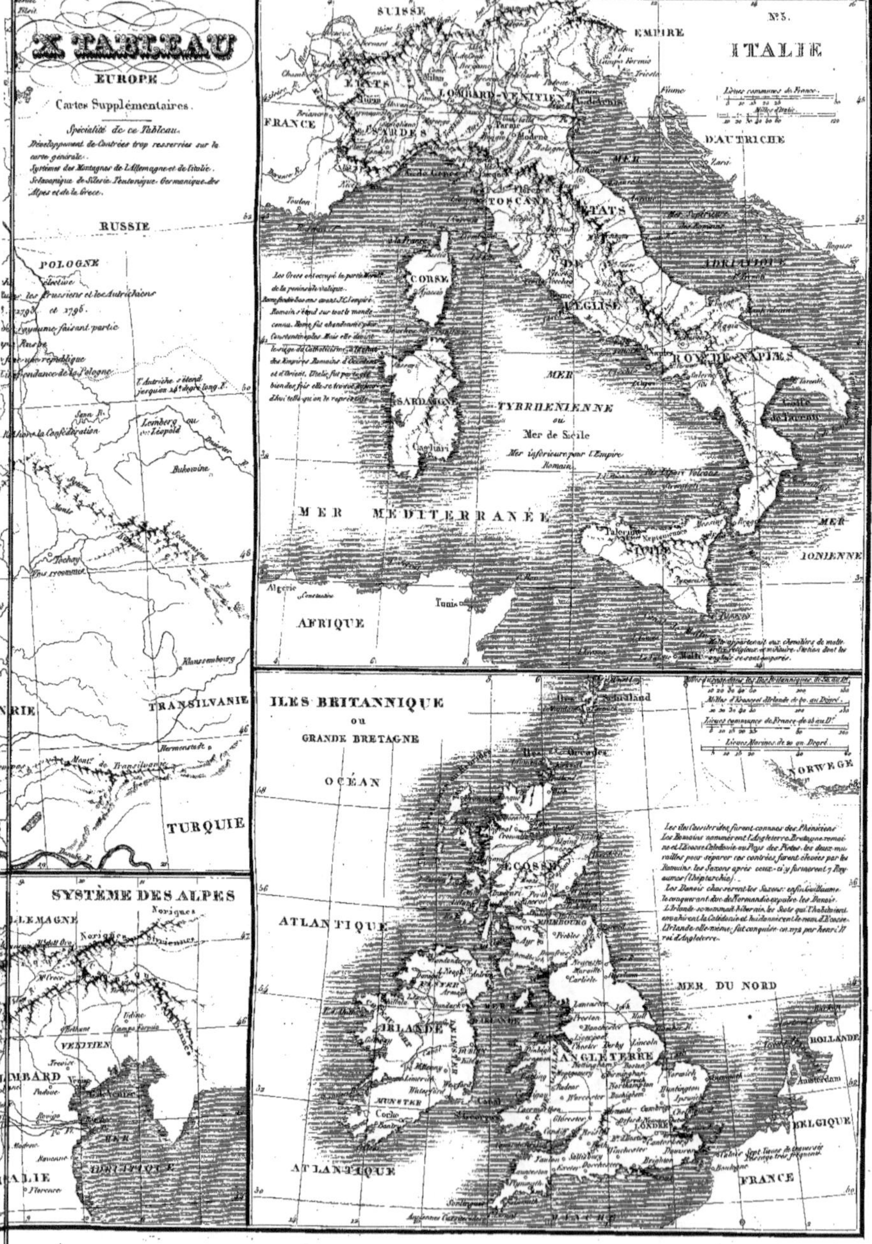
X TABLEAU
EUROPE
Cartes Supplémentaires.
Spécialité de ce Tableau.
Développement de Contrées trop resserrées sur la carte générale.
Systèmes des Montagnes de l'Allemagne et de l'Italie.
Sclavonique de Silésie. Teutonique. Germanique des Alpes et de la Grèce.
RUSSIE
POLOGNE
TRANSILVANIE
TURQUIE
SYSTÈME DES ALPES
ITALIE
N° 3.
SUISSE
EMPIRE
FRANCE
ÉTATS SARDES
LOMBARD-VÉNITIEN
D'AUTRICHE
TOSCANE
ÉTATS DE L'ÉGLISE
ADRIATIQUE
ROYᵐᵉ DE NAPLES
MER TYRRHÉNIENNE
ou
Mer de Sicile
Mer inférieure pour l'Empire Romain
MER MÉDITERRANÉE
CORSE
Ajaccio
SARDAIGNE
Cagliari
AFRIQUE
Algérie
Tunis
MER IONIENNE
Lieues communes de France.
Milles d'Italie
ILES BRITANNIQUES
ou
GRANDE BRETAGNE
OCÉAN
ATLANTIQUE
ÉCOSSE
IRLANDE
ANGLETERRE
MUNSTER
MER DU NORD
HOLLANDE
BELGIQUE
FRANCE
NORWÈGE
ALLEMAGNE
LOMBARD
VÉNITIEN
ITALIE
ADRIATIQUE

MER DU NORD
MER BALTIQUE
DANEMARCK
HOLSTEIN
MECKLEMBOURG
POMÉRANIE
PRUSSE OCC.le hors la Conféd.n
PRUSSE ORIENTALE hors la Confédération
HOLLANDE
G.té de Oldenbourg
ROY.me DE HANOVRE
BRANDEBOURG
ROY.me DE PRUSSE
BERLIN
WESTPHALIE
Munster
SAXE
Magdebourg
ANHALT
DUC. DE POSEN provenant de la Pologne
VARSOVIE
GR. DUCHÉ DU BAS RHIN à la Prusse
Cologne
BELGIQUE
HESSE ÉLECTORALE
SAXE WEIMAR
ROY.me DE SAXE
SILÉSIE Prussienne
Breslau
Oppeln
ANCIENNE Monarchie
LUXEMBOURG
NASSAU D.té
HESSE DARMSTADT G.d Duc.té
Spire
Manheim
Nuremberg
ROY.me DE BOHEME
Prague
Cracovie
SILÉSIE Autrich.ne
GALLICIE
Strasbourg
FRANCE
ROY.me DE WURTEMBERG
MORAVIE
Brunn
D'AUTRICHE
Gr. Duché de Bade
EMPIRE
Munich
Danube
VIENNE
Presbourg
ARCHID. D'AUTRICHE
Bude
SUISSE
Lac de Constance
BAVIÈRE
TYROL
Bolzen
Trente
Salzbourg
Alpes Noriques
Duché de Styrie
ROY.me DE HONGRIE
CROATIE ROY.
Système des Alpes
EUROPE CENTRALE
ALLEMAGNE (propre)
ou
CONFÉDÉRATION GERMANIQUE
Conféd.n — Liséré Bleu
États Prussiens — Teinte Verte
Emp. d'Autriche — Grand liséré Rose
R.me LOMBARD VÉNITIEN
ROYAUME
Trieste
ESCLAVONIE ROY.
MER ADRIATIQUE
Ravigno
D'ILLYRIE
TURQUIE D'EUROPE
TURQUIE D'EUROPE
MER DE L'ARCHIPEL
MORÉE ou PÉLOPONÈSE
IONIENNE
N.o 4. NOUV. ROY.me DE LA GRÈCE Iles Ioniennes Indépendantes
ASIE
TURQUIE
Cyclades
MER MÉDITERRANÉE
Rhodes I.
FRANCE
SUISSE
Lac de Constance
MILAN
ROY.me LOMBARD
ÉTATS SARDES
ITALIE

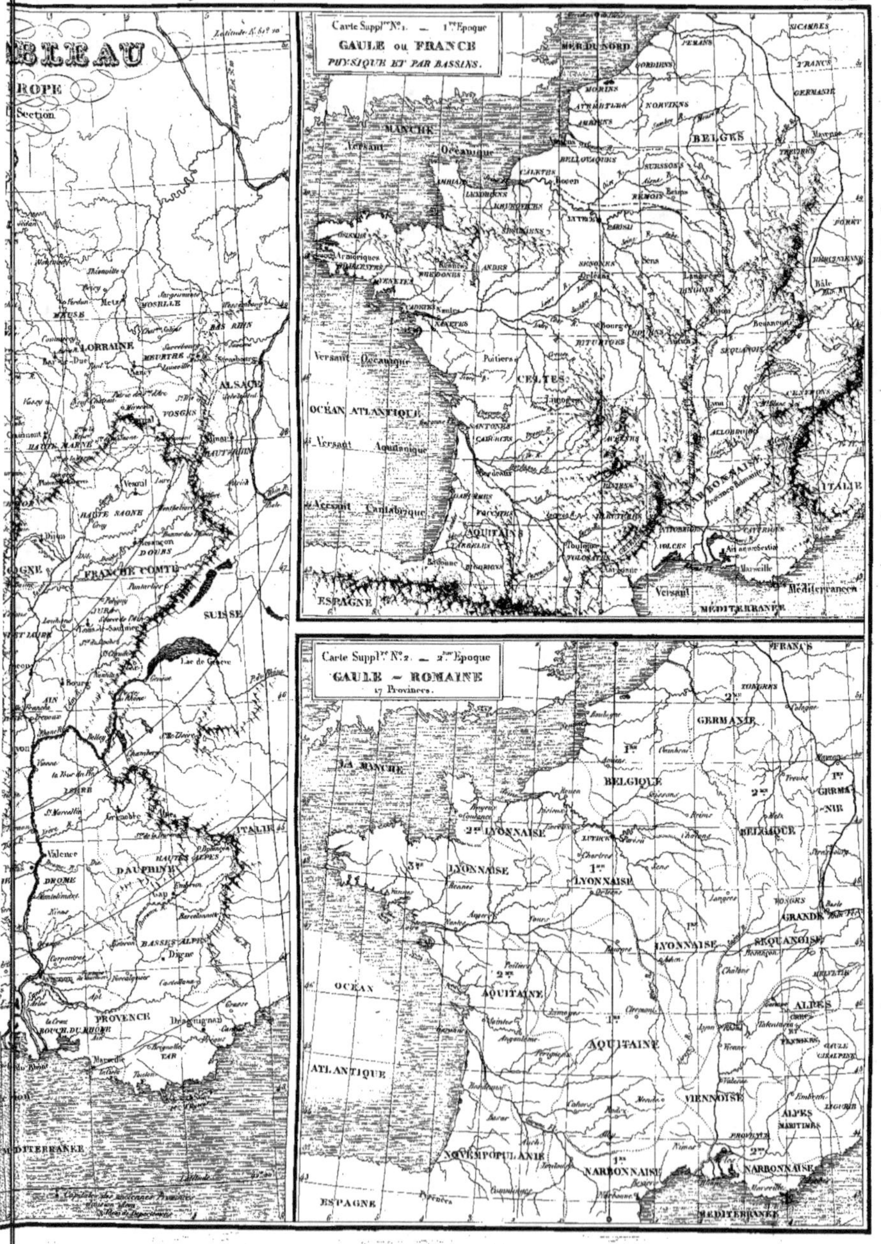
TABLEAU
EUROPE
Section

Carte Suppl.re N.º 1. — 1.re Époque
GAULE ou FRANCE
PHYSIQUE ET PAR BASSINS.

MER DU NORD
BELGES
MANCHE
Versant   Océanique
OCÉAN ATLANTIQUE
Versant   Aquitanique
Versant   Cantabrique
CELTES
ESPAGNE
ITALIE
NARBONNAISE
AQUITAINS
MÉDITERRANÉE
Marseille

MOSELLE
MEUSE
LORRAINE
MEURTHE
BAS RHIN
ALSACE
VOSGES
HAUT-RHIN
HAUTE MARNE
HAUTE SAONE
DOUBS
FRANCHE COMTÉ
SUISSE
Lac de Genève
AIN
ISÈRE
DRÔME
DAUPHINÉ
HAUTES ALPES
BASSES ALPES
Digne
PROVENCE
BOUCH. DU RHONE
VAR
ITALIE
MÉDITERRANÉE

Carte Suppl.re N.º 2. — 2.me Époque
GAULE - ROMAINE
17 Provinces.

LA MANCHE
GERMANIE
1.re BELGIQUE
2.me BELGIQUE
1.re GERMANIE
2.me GERMANIE
2.me LYONNAISE
3.me LYONNAISE
1.re LYONNAISE
4.me LYONNAISE
GRANDE SÉQUANOISE
HELVÉTIE
ALPES
2.me AQUITAINE
1.re AQUITAINE
AQUITAINE
OCÉAN
ATLANTIQUE
VIENNOISE
ALPES MARITIMES
LIGURIE
PROVINCE
GAULE CISALPINE
NOVEMPOPULANIE
1.re NARBONNAISE
2.me NARBONNAISE
ESPAGNE
MÉDITERRANÉE

XI TABL
EUROPE
1re Section
MER DU NORD
PAS DE CALAIS
ARTOIS
FLANDRE
NORD
SOMME
PICARDIE
ARDENNES
AISNE
ANGLETERRE
MER DE LA MANCHE
MANCHE
CALVADOS
NORMANDIE
ORNE
EURE
SEINE INFÉRIEURE
OISE
ILE DE FRANCE
SEINE ET OISE
SEINE ET MARNE
MARNE
CHAMPAGNE
AUBE
FINISTÈRE
CÔTES DU NORD
ILLE ET VILAINE
MAYENNE
SARTHE
EURE ET LOIR
ORLÉANAIS
BRETAGNE
MORBIHAN
MAINE et
TOURAINE
LOIRET
YONNE
LOIRE INFÉRIEURE
MAINE ET LOIRE
ANJOU
INDRE ET LOIRE
LOIR ET CHER
BOURGOGNE
NIVERNAIS
VENDÉE
DEUX SÈVRES
POITOU
VIENNE
INDRE
BERRI
CHER
BOURBONNAIS
ALLIER
FRANCE
PROVINCES ET DÉPARTEMENTS
COMPARÉS
Gaule Physique ______ N.1.
Gaule Romaine ______ N.2.
AUNIS
SAINTONGE
ANGOUMOIS
CHARENTE
HAUTE VIENNE
LIMOUSIN
MARCHE
CREUSE
LYONNAIS
LOIRE
OCÉAN ATLANTIQUE
CORRÈZE
AUVERGNE
CANTAL
PUY DE DÔME
Échelle
DORDOGNE
GUYENNE ET GASCOGNE
LOT
HAUTE LOIRE
GIRONDE
AVEYRON
LANGUEDOC
LOT ET GARONNE
TARN ET GARONNE
GARD
LANDES
GERS
TARN
HÉRAULT
Montpellier
ILE DE CORSE
BÉARN
HAUTE GARONNE
AUDE
MER
Golfe de Lion
MÉDITERRANÉE
BASSES PYRÉNÉES
HAUTES PYRÉNÉES
COMTÉ DE FOIX
ROUSSILLON
PYRÉNÉES ORIENT.
MER MÉDITER.
ESPAGNE

TABLEAU
FRANCE

N.º 8.
LA SEINE ET SES ENVIRONS.

N.º 9.
... sous les Romains.

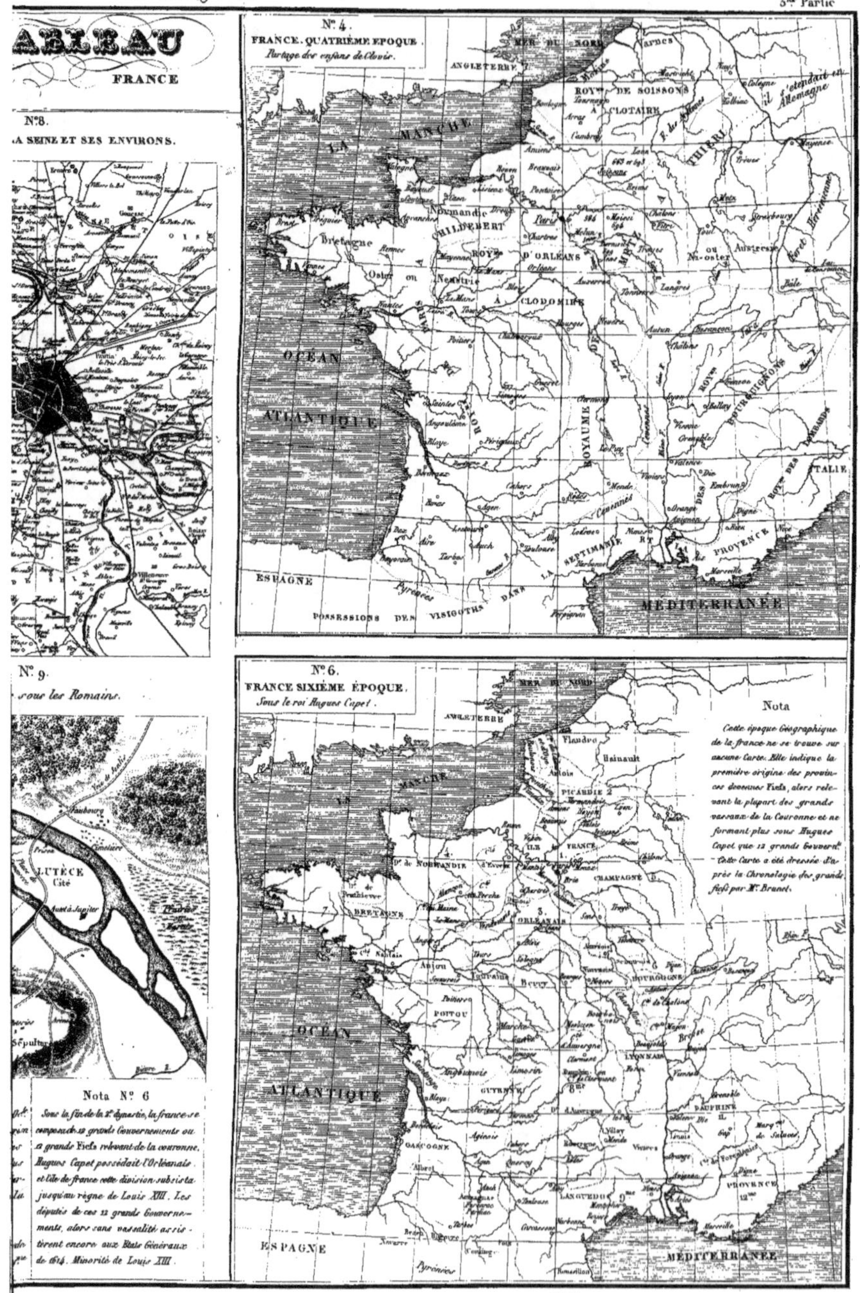

Nota

Cette époque Géographique de la france ne se trouve sur aucune Carte. Elle indique la première origine des provinces devenues Fiefs, alors relevant la plupart des grands vassaux de la Couronne et ne formant plus sous Hugues Capet que 12 grands Gouvern.ts — Cette Carte a été dressée d'après la Chronologie des grands fiefs par M.r Brunet.

Nota N.º 6

Sous la fin de la 2.e dynastie, la france se composait de 12 grands Gouvernements ou 12 grands Fiefs relevant de la couronne. Hugues Capet possédait l'Orléanais et l'ile de france cette division subsista jusqu'au règne de Louis XIII. Les députés de ces 12 grands Gouvernements, alors sans vassalité assistèrent encore aux Etats Généraux de 1614. Minorité de Louis XIII.

N.° 3.

FRANCE. TROISIÈME ÉPOQUE.
Conquête de Clovis.

XII TAB...

EUROPE

N.° 8.

DÉPARTEMENT DE LA SEINE ET...

N.° 9.

Lutèce ou Paris sur les R...

N.° 5.

FRANCE. CINQUIÈME ÉPOQUE.
Sous le roi Dagobert.

Nota N.° 5

Dagobert 1.er régna sur la france Occ.le
et sur la france Ori.le sa faiblesse autorisa
le despotisme des Maires du palais. les
Arabes ou Sarrasins d'Espagne, plus
tard, ravagent la france. Karl-Mar-
tel les repousse près de Poitiers, la
france fut sauvée.
1.ere Race, du 7 au 8.e Siècle.
Le frère de Dagobert ne jouit d'une partie de
l'Aquitaine qu'a titre d'apanage et non de Roy.me

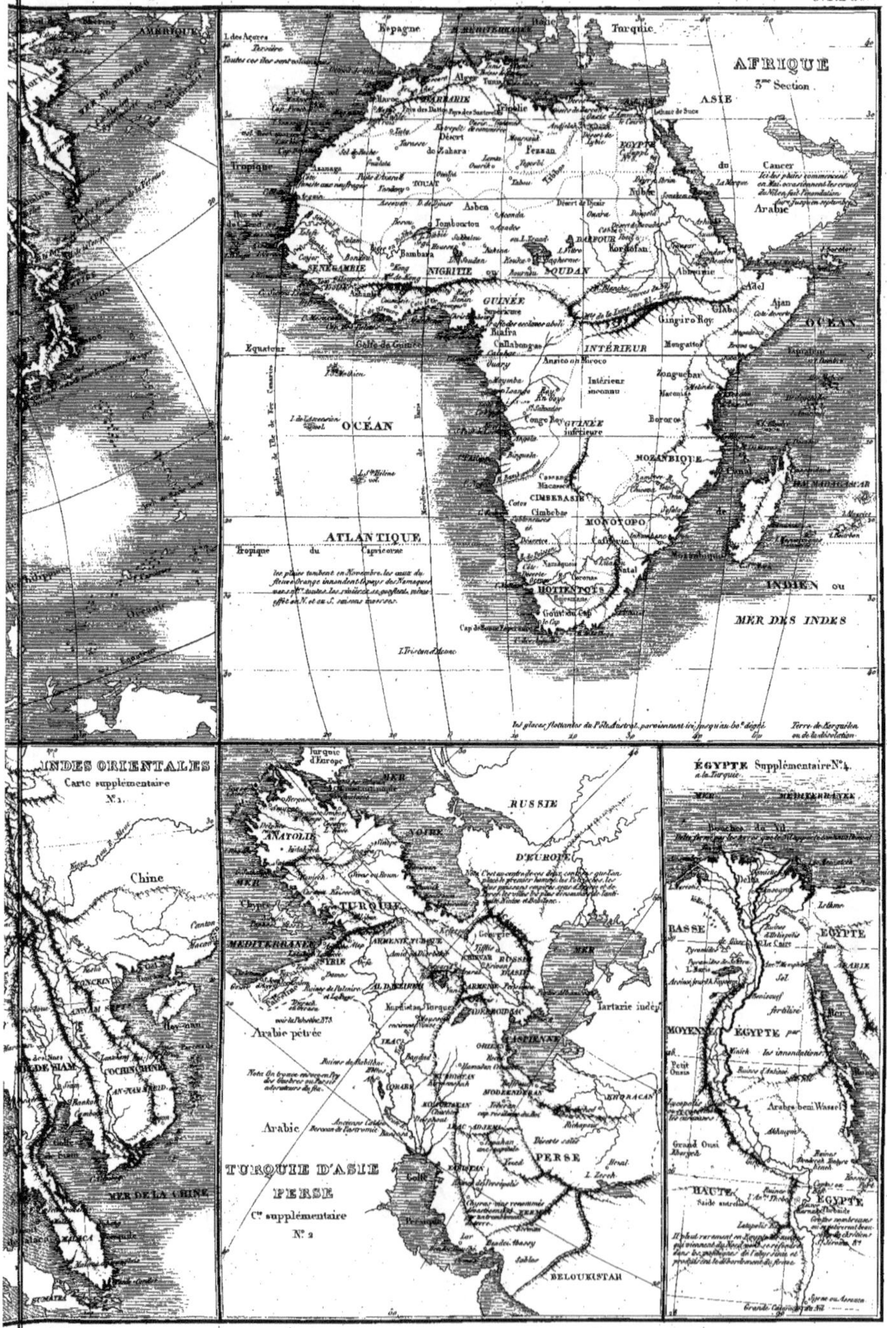
AFRIQUE
3ᵐᵉ Section
ASIE
AMÉRIQUE
Espagne
MER MÉDITERRANÉE
Italie
Turquie
BARBARIE
Maroc
Désert
de Zahara
Fezzan
ÉGYPTE
Cancer
Arabie
Tombouctou
Asben
DARFOUR
Kordofan
SÉNÉGAMBIE
NIGRITIE ou SOUDAN
GUINÉE
Abyssinie
Adel
Ajan
Gingiro Roy.
OCÉAN
Equateur
Golfe de Guinée
INTÉRIEUR
Intérieur
inconnu
Zanguebar
OCÉAN
GUINÉE
inférieure
MOZAMBIQUE
ILE MADAGASCAR
ATLANTIQUE
CIMBEBASIE
MONOMOTOPO
Tropique du Capricorne
HOTTENTOTS
INDIEN ou
Cap de Bonne Espérance
MER DES INDES
I. Tristan d'Acunha

INDES ORIENTALES
Carte supplémentaire
Nᵒ 1.
Chine
Canton
Macao
Arabie pétrée
ROYᵐᵉ DE SIAM
COCHINCHINE
AN-NAM
MER DE LA CHINE
MALACCA
SUMATRA

Turquie
d'Europe
MER
NOIRE
RUSSIE
D'EUROPE
ANATOLIE
TURQUIE
MÉDITERRANÉE
SYRIE
ARMÉNIE TURQUE
GÉORGIE
MER
ARMÉNIE Perse
CASPIENNE
Arabie pétrée
IRAC
KHORASAN
Arabie
PERSE
TURQUIE D'ASIE
PERSE
Cᵉ supplémentaire
Nᵒ 2
BELOUKISTAN

ÉGYPTE   Supplémentaire Nᵒ 4.
à la Turquie.
MER MÉDITERRANÉE
Bouches du Nil
BASSE
ÉGYPTE
Le Caire
ARABIE
MOYENNE
ÉGYPTE
HAUTE
ÉGYPTE

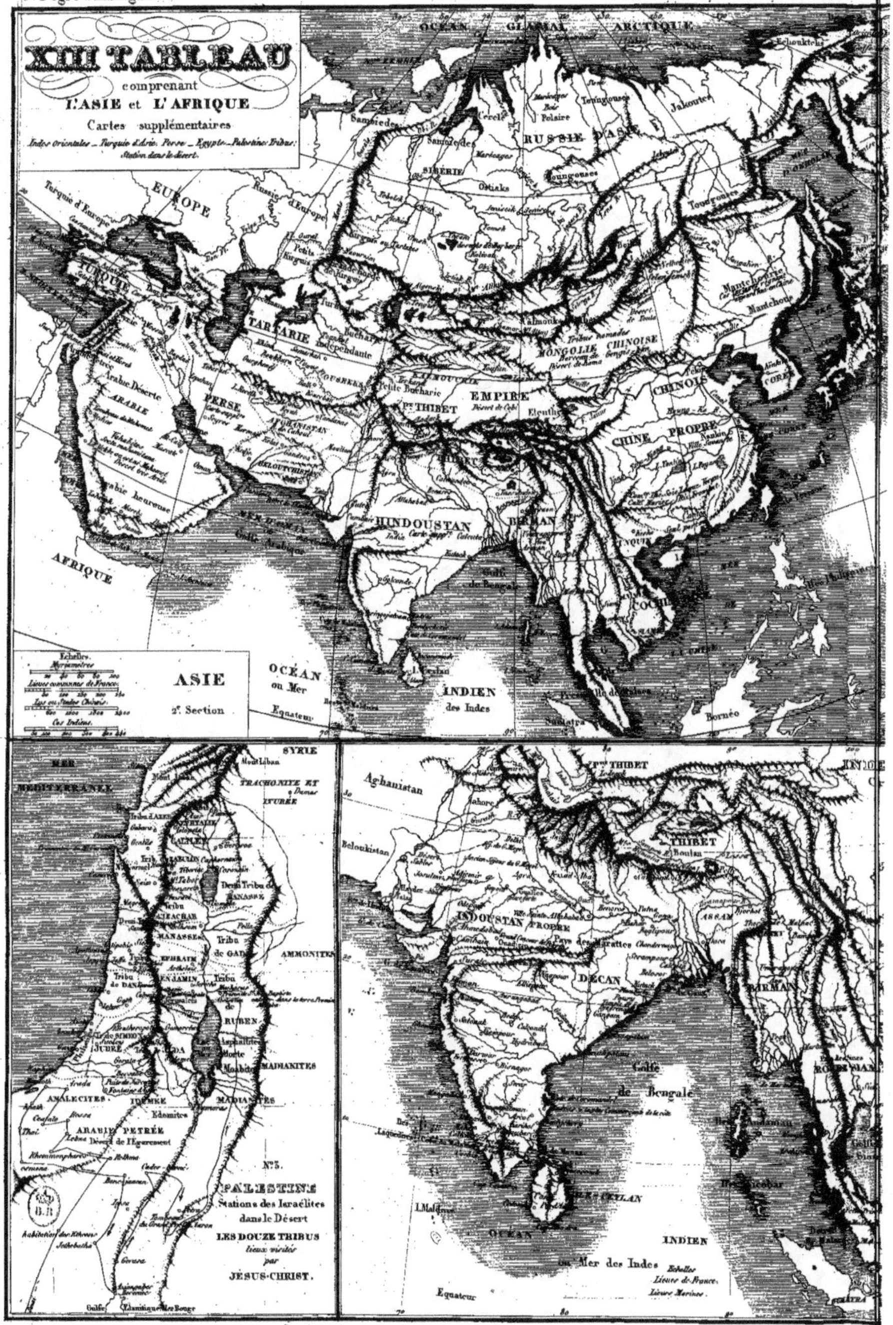

XIII TABLEAU
comprenant
L'ASIE et L'AFRIQUE
Cartes supplémentaires
Indes Orientales _ Turquie d'Asie _ Perse _ Égypte _ Palestine Tribus
Station dans le désert

ASIE
2ᵉ Section

OCÉAN GLACIAL ARCTIQUE
EUROPE
Turquie d'Europe
Russie d'Europe
RUSSIE D'ASIE
SIBÉRIE
TURQUIE
TARTARIE Indépendante
OUSBEKS
PERSE
ARABIE
Arabie Déserte
Arabie heureuse
TURKESTAN
BELOUTCHISTAN
MONGOLIE CHINOISE
MANTCHOURIE
Pᵗ THIBET
EMPIRE
Désert de Cobi
CHINE PROPRE
CHINOIS
CORÉE
HINDOUSTAN
BOUTAN
COCHIN
AFRIQUE
OCÉAN ou Mer
INDIEN des Indes
Équateur
Golfe de Bengale
Bornéo

Échelles Myriamètres
Lieues communes de France
Lis ou Stades Chinois
Cas Indins

MER MÉDITERRANÉE
SYRIE
Mont Liban
TRACHONITE ET Dunas
IXURÉE
Tribu d'ASER
NEPTHALI
ZABULON
Demi-Tribu de MANASSÉ
ISSACHAR
MANASSÉ
ÉPHRAÏM
BENJAMIN
Tribu de DAN
Tribu de GAD
AMMONITES
Tribu de RUBEN
JUDA
Asphaltite Monte
Moabie MADIANITES
MADIANITES
AMALÉCITES IDUMÉE
ARABIE PÉTRÉE
Désert de l'Égarement
Golfe — Élanitique Mer Rouge

Nᵒ 3.
PALESTINE
Stations des Israélites
dans le Désert
LES DOUZE TRIBUS
lieux visités par
JÉSUS-CHRIST.

Afghanistan
Beloukistan
Lahore
Pᵗ THIBET
THIBET
Boutan
INDE
HINDOUSTAN PROPRE
Pays des Mahrattes
ASSAM
BIRMAN
DÉCAN
ROYAUME

Golfe de Bengale
ILES MALDIVES
ILE CEYLAN
Nicobar
OCÉAN INDIEN ou Mer des Indes
Équateur

Échelles
Lieues de France
Lieues Marines

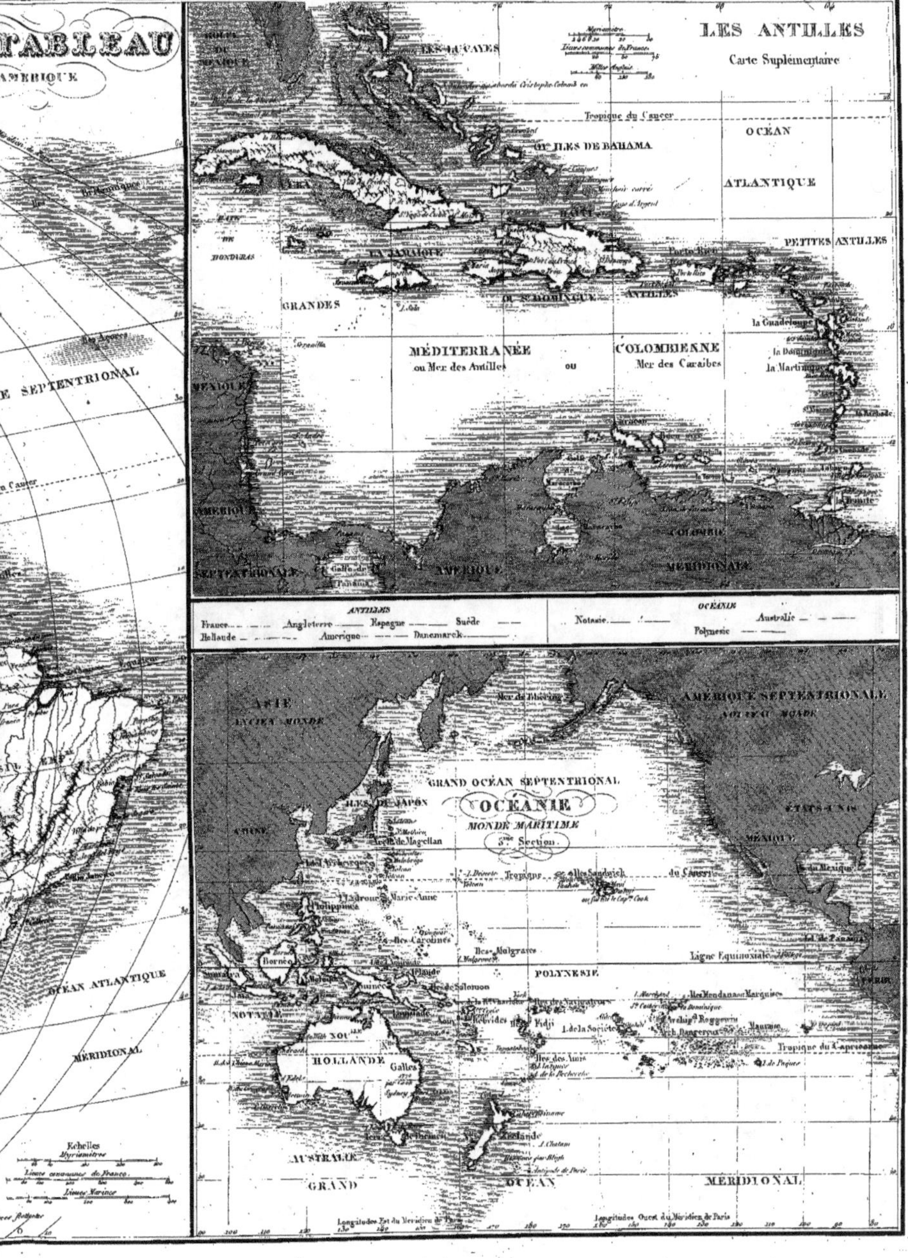
TABLEAU
AMÉRIQUE
LES ANTILLES
Carte Suplémentaire
GOLFE DU MEXIQUE
LES LUCAYES
Tropique du Cancer
Gᵈᵉˢ ILES DE BAHAMA
OCÉAN
ATLANTIQUE
PETITES ANTILLES
BAIE DE HONDURAS
LA JAMAIQUE
GRANDES
St DOMINGUE
Porto-Rico
ANTILLES
la Guadeloupe
la Dominique
la Martinique
MÉDITERRANÉE
ou Mer des Antilles
ou
COLOMBIENNE
Mer des Caraïbes
MEXIQUE
AMÉRIQUE
SEPTENTRIONALE
Golfe de Panama
AMÉRIQUE
COLOMBIE
MÉRIDIONALE
ANTILLES
France
Angleterre
Espagne
Suède
Hollande
Amérique
Danemarck
OCÉANIE
Notasie
Australie
Polynésie
ASIE
ANCIEN MONDE
Mer de Behring
AMÉRIQUE SEPTENTRIONALE
NOUVEAU MONDE
GRAND OCÉAN SEPTENTRIONAL
OCÉANIE
MONDE MARITIME
3ᵐᵉ Section
ILES DU JAPON
Dét. de Magellan
CHINE
ÉTATS-UNIS
MÉXIQUE
Golfe du Mexique
Tropique
Iles Sandwich
J. Pâques
Iles Marianne
Marie-Anne
Philippines
Iles Carolines
Iles Molgraves
Ligne Équinoxiale
Golfe de Panama
Bornéo
POLYNÉSIE
Iles Mendana ou Marquises
NOUVELLE
Guinée
Iles de Salomon
Iles des Navigateurs
Nouvelles Hébrides
Iles Vidji
I. de la Société
Tropique du Capricorne
NOUVELLE
HOLLANDE
Galles
Sydney
Iles des Amis
AUSTRALIE
Zélande
GRAND
OCÉAN
MÉRIDIONAL
Échelles
Myriamètres
Lieues communes de France
Lieues Marines
Longitudes Est du Méridien de Paris
Longitudes Ouest du Méridien de Paris

AMÉRIQUE
ou
NOUVEAU MONDE
4e. Section.
XIV
OCÉAN GLACIAL ARCTIQUE
Glaces permanentes
Terre inconnue
GROENLAND
Esquimaux
Russie d'Asie
RUSSIE
NER DE BEHRING
Baie d'Hudson
NOUVELLE BRETAGNE
Labrador
Terre-Neuve
CANADA
GRAND OCÉAN SEPTENTRIONAL
Indiens
Village d'Indiens
ÉTATS-UNIS
OCÉAN ATLANTIQUE
AMÉRIQUE SEPTENTRIONALE
Tribu d'Indiens
CALIFORNIE
Louisiane
Texas
Tropique du Cancer
Sandwich
MEXIQUE
G. du Mexique
Bermudes
Tropique du
OCÉANIE
Polynésie Septentrionale
GUATEMALA
COLOMBIE
AMÉRIQUE MÉRIDIONALE
PÉROU
Tropique du Capricorne
CANADA
Territoire de Michigan
Tribus Indiennes
Les Chipenays au N.O.
Les Churokis
Les Chactas L.
Les Natchez au S.
NEW-YORK
MAINE
MASSACHUSSET
HAUT LOUISIANE
Illinois
INDIANA
OHIO
PENSILVANIE
MARYLAND
NEW-JERSEY
MISSOURI
les Sioux
les Osages dans le
territoire de Colombie
KENTUCKY
VIRGINIE
OCÉAN
TERRIT. D'ARKANSAS
TENNESSEE
CAROLINE du Nord
ATLANTIQUE
ALABAMA
CAROLINE du Sud
MISSISSIPI
LOUISIANE
GEORGIE
GOLFE DU MEXIQUE
FLORIDE
SUPPLÉMENT
POUR LES
ÉTATS-UNIS
Milles Anglo-Américains.

www.ingramcontent.com/pod-product-compliance
Lightning Source LLC
LaVergne TN
LVHW010325030726
842520LV00004B/1274